女性のいない民主主義

前田健太郎
Kentaro Maeda

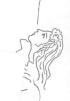

岩波新書
1794

はじめに

日本列島に暮らす多くの人にとって、政治とは永田町にある国会議事堂で起きている出来事を指すのではないだろうか。試みに、この建物の内部の風景を思い浮かべてみよう。そこでは、首相が演説していることもあれば、野党の議員が大臣の不手際を追及していることもあるだろう。大臣が答弁に窮した時には、後ろに控えている官僚が、そっと何かを耳打ちしている場面もあるかもしれない。

ここで、少し思い返してみてほしい。今、頭に浮かんだ風景の中に、女性は何人いただろうか。おそらく、登場人物のほぼ全員が、スーツ姿の男性だったのではないだろうか。

このイメージこそ、日本の政治の特徴を端的に表している。日本では、政治家や高級官僚のほとんどを男性が占めており、女性で権力者と呼ばれるような人はほとんどいない。

これは、実に不思議なことではないだろうか。一般に、日本はデモクラシー、すなわち民主主義の国であるとされている。古代ギリシャに由来するこの言葉は、もともと「人民の支配」という意味を持っていた。その時代には、人民といえば男性のことを指していたが、今日では、人民の中には男性もいれば女性もいる。このことを素直に受け止めれば、民主主義の国では男性と女性が共に政治に携わるはずであろう。ところが、日本では男性の手に圧倒的に政治権力が集中している。具体的なデータについては後述していくが、このような国は、他にあまり見かけない。日本の民主主義は、いわば「女性のいない民主主義」なのである。

なぜ、民主国家であるはずの日本で、男性の支配が行われているのだろうか。他の国は、なぜ日本のようにならなかったのだろうか。日本では、女性が権力を握ることを特に難しくするような要因が、何らかの形で働いているのだろうか。様々な疑問が湧いてくる。

この問題について考えていくうちに、さらなる疑問に突き当たる。そもそも、男性の支配が行われているにもかかわらず、この日本という国が民主主義の国だとされているのは、なぜなのだろうか。日本の政治体制を民主主義と呼んでいるのは、政治家やジャーナリストだけではない。政治について考えることを生業とする政治学者も、日本が民主主義国であるという認識をおおむね共有している。

これは、政治学という学問の性格に関わる問題であろう。どうやら、筆者も含めた多くの政治学者は、女性がいない政治の世界に慣れきってしまっていたようだ。少なくとも、民主主義という言葉が、男女の地位が著しく不平等な政治体制を指す言葉として使われていても、あまり気にならなくなってしまっている。その結果、何か重要なものが見えなくなっているのかもしれない。もし、政治学を別の視点から捉えなおせば、政治そのものも全く違った形で見えてくるのではないだろうか。本書は、このような問題関心に基づく政治学の入門書である。

政治の科学か、男性の政治学か

通常、政治学の入門書や教科書には、様々な学説が紹介されている。それらの学説の多くは、望ましい政治のあり方を考えることではなく、政治の現状を分析することを目的としている。現状を分析するというのは、例えば次のような問いに答えることを意味する。

- 保守的な有権者とリベラルな有権者の政策的な立場は、どのように異なるのだろうか。
- 現職の候補者は、新人の候補者に比べて選挙に強いのか。
- なぜ、財政再建はなかなか進まないのか。

これらの問いに答えるにあたっては、何をするべきかという価値判断を行うのではなく、経験的な証拠を適切な手続きに従って提示することが重視される。このような現状分析を行う政治学を、政治理論や政治思想史などの規範的な命題を扱う分野と区別して、ポリティカル・サイエンス、すなわち「政治の科学」と呼ぶ人もいる。その目的は、政治学から価値判断を排除することで、可能な限り研究者の主観を取り除き、客観的な知識を蓄積することであるとされている。今日、この政治学は、標準的な教科書の記述の大部分を占めており、政治学の「主流派」と呼ばれることもある。

だが、この政治学は、はたして本当に研究者の価値判断とは無縁なのだろうか。例えば、先ほどの三つの問いを、次の三つの問いと見比べていただきたい。

- 男性の有権者と女性の有権者の政策的な立場は、どのように異なるのだろうか。
- 男性の候補者は、女性の候補者に比べて選挙に強いのか。
- なぜ、仕事と育児の両立支援はなかなか進まないのか。

これらの問いは、いずれも男女の不平等に関わるものだという点だけが、先ほどの問いとは異なっている。それ以外については、大きな違いはない。そうだとすると、これらの問いに答えるには、先ほどの問いと同じように、政治の現状に関する分析を行えば良さそうに見える。

ところが、この種の問題が政治学の教科書において取り上げられることは、ほとんどない。そして、それを研究してきた政治学者がいるということ自体も、世間ではあまり知られていない。もちろん、フェミニズムの政治思想については、聞いたことのある人も多いだろう。だが、それは女性の解放を目指す規範理論であって、政治の現状分析とは関係がないという理解が主流なのではないだろうか。

つまり、政治学の教科書が執筆される時には、収録される学説と、省略される学説がある。その際、男女の不平等に関する学説は、多くの場合、省略される側に含まれてきた。なぜ、そのような形で学説の取捨選択が行われてきたのだろうか。

この問いに対して、フェミニストは明快に答えるであろう。これまで、政治学者の大部分は男性であった。男女の不平等が政治学の教科書に登場しないのは、教科書が男性の視点に基づいて書かれているからである。男性にとって、男女の不平等に関わる問題は優先順位が低い。だからこそ、それに関する研究成果は、政治学の教科書から排除されているのであろう。いくら客観性や価値中立性を持つ「政治の科学」を標榜したとしても、それはいわば「男性の政治学」にすぎない、と。

争点としてのジェンダーからジェンダーの視点へ

もちろん、ここまで述べてきたような状況は変わってきているという考え方もありうる。というのも、近年の政治学の教科書では、「ジェンダー」というフェミニズムの用語を紹介するものが昔に比べて増えてきた。この概念は、人間の生物学的な性別とは区別された社会的な性別を指し、やや単純化すれば、「男らしさ」や「女らしさ」を意味する。人間の性を二つに区分し、「男とはこういうものだ」「女とはこういうものだ」と考える発想は、人間の生活に大きな影響を与え続けてきた。今日では、ジェンダーの概念を紹介しつつ、社会運動としての第一波・第二波フェミニズムの歴史や、議会における女性の過少代表に関して、一つの章を割いて解説する教科書もある。

だが、この種の教科書では、ジェンダーは「環境」「人権」「民族」などといった項目と並んで、政治的な争点の一種として扱われていることが多い。すなわち、経済政策や安全保障政策などといった伝統的な争点に付け加える形で、ジェンダーに関する問題が、従来とは対立の構図が異なる新たな社会問題の一例として位置付けられているのである。

これに対して、投票行動論や政治体制論など、どのような政治争点にも関係のある一般的な政治の仕組みに関する学説を解説する章では、男女の不平等への言及は行われないのが通例である。そのため、読者は、ジェンダーとは女性にだけ関係のある概念であって、大部分の政治現象とは関係がないかのような印象を抱くかもしれない。

これでは、ジェンダーの概念の持つ切れ味が大きく損なわれてしまう。ジェンダーは、女性を指す概念ではなく、むしろ女性と男性の関係を指す概念だからである。従来、フェミニズムは、一見すると性差別とは無縁な、ジェンダー中立的に見える社会の仕組みが、実際には男性に有利に働いていることを告発してきた。そうだとすれば、ジェンダーと関係がない問題は、原則として存在しない。近年では、政治学でも「ジェンダーと政治」と呼ばれる研究領域が発展を遂げており、様々な形でジェンダーの概念を用いながら、あらゆる政治現象に切り込んでいる。

その意味において、政治学の教科書がジェンダーを政治争点の一種として取り上げることは、ジェンダーに関する研究成果を十分に生かすことなく、政治学の片隅に隔離することを通じて、男性の政治学を維持する結果をもたらすであろう。

本書は、この批判を真剣に受け止めることから始めたい。もし、政治学が何らかの意味での客観性を持つ学問を目指すのであれば、それは男性と女性の双方に開かれていなければならないと考えるからである。

そこで、本書ではジェンダーを、女性に関わる政治争点の一種としてではなく、いかなる政治現象を説明する上でも用いることのできる視点として位置付ける。そして、ジェンダーの視点に基づく議論を、これまでの政治学における標準的な学説と対話させることで、政治の世界がどのように見直されるのかを探る。それは、常に男女の不平等に注意を払いながら政治について考えるということを意味する。

なお、本書では基本的に男性と女性の関係を扱っているが、ジェンダーをめぐる論点は、これにとどまるものではない。人間の性を男性と女性に二分してしまうと、その枠にはまらない様々な性的少数者の姿が見えなくなってしまう。この点を考慮することで、ジェンダーの概念が切り開く政治学の視野は、今後さらに拡大していくだろう。

本書の構成

本書では、次のような手続きに従って議論を進める。まず、政治学の教科書に取り上げられてきたテーマを、可能な限り広く見渡す。

【標準的な政治学】

各章では、日本の政治学の教科書で紹介されることの多い学説をテーマごとに複数の節に分けて取り上げ、それぞれ短く要約する。こうした学説によって構成される政治学の体系を、本書では「標準的な政治学」と呼ぶ。これらの学説や、通説的な考え方、概念や制度の一般的な定義・解説の上下には、罫線を引いて他と区別し、明示する。なお、学説等を紹介する際には、研究者の肩書きは省略する。

本書で議論の対象とする政治学は、「主流派」の政治学である。その中でも特に有名な学説

を紹介しながら、そのつど、ジェンダーの視点に基づく批判を提示する。その狙いは、このような批判が、政治学のあらゆるテーマに及んでいることを示すことにある。それを通じて、ジェンダーの視点を持つ政治学は、標準的な政治学の扱わない特殊な争点を扱っているのではなく、むしろこれまでの政治学が扱ってきたのと同じテーマを違う角度から論じているのだということが明らかになるであろう。

本書は、四つの章から構成されている。それぞれの章では、「政治」「民主主義」「政策」そして「政治家」という、政治学の教科書における定番のテーマを取り上げる。第1章を最初に読むこと以外には、各章を読む順番は特に想定されていない。標準的な政治学にあまり馴染みのない読者は、まず上下に罫線の引かれた箇所だけを拾い上げ、本書全体を読んでみることをお薦めする。その上で、本文に戻って、改めて最初から読み直せば、政治学にジェンダーの視点を導入することの意義が、より明確な形で浮かび上がるに違いない。

目次

第1章　「政治」とは何か

1　話し合いとしての政治

発言する男性、沈黙する女性

城山三郎の小説に、『男子の本懐』という有名な作品がある。主人公は、一九二九年七月に首相に就任した浜口雄幸と、その内閣で大蔵大臣を務めた井上準之助である。この小説の冒頭に、大命降下を受けて組閣を済ませた浜口が、家族と共に自宅で一息つく場面がある。「男子の本懐」という言葉は、この場面で登場する。

当時、浜口の率いる立憲民政党内閣は、金本位制への復帰(金解禁)という重要な公約を掲げていた。だが、金解禁を実施するには緊縮財政を行う必要があるため、不況が発生する恐れがあった。また、緊縮財政は同時に軍縮をともなう以上、軍部や右翼からの反発も予想された。従って、この公約を成し遂げるには、かなりの覚悟で職務に臨まねばならない。「すでに決死だから、途中、何事か起こって中道で斃《たお》れるようなことがあっても、もとより男子として本懐である」と浜口は妻と子どもたちに言う。最初に決めたことを、命がけで実行すること。それが、男らしい、政治指導者としての生き方なのである。

その一方で、この本を読み進めていくと、次のような浜口の発言が出てくる。「女は口がかたいのが何よりだ。女のおしゃべりはいちばんいけない」。常日頃、そう言われていた妻は、話題に困ってしまうことも多かったという。実際、この本の中で、彼女が浜口と実質的な内容のある会話をしている箇所はほとんどない。物語はあくまで、浜口と井上の間で展開する。そして、金解禁という自らの公約を果たした浜口は、ロンドン海軍軍縮会議後の一九三〇年一一月に東京駅で右翼活動家に狙撃され、その傷がもとで翌年八月に没する。まさに、「男子の本懐」を遂げたのである。

政治は男性の仕事であり、女性は口を出すべきではない。このような考え方は、『男子の本懐』の舞台である戦前の日本に限らず、どの社会でも多かれ少なかれ見られる。家庭の中はもちろん、家庭の外においても、女性が男性と対等に議論することははばかられる。この風潮の中で政治的な事柄に関する議論が行われれば、おおむね男性だけが一方的に意見を表明することになるだろう。その風景は、見慣れてしまえば気にならなくなるのかもしれない。

だが、一歩引いて考えてみると、これは極めて重要な問題であることに気づく。なぜなら、少なくとも標準的な政治学の教科書を素直に読む限り、男性だけの意見に基づく政治は、本来あるべき政治の姿ではないからだ。

政治という言葉の意味

政治の分析は、まず政治の理想を考えるところから始まる。「政治はどのように行われているのだろうか」という問いの背後には、必ず「なぜ理想の政治が実現しないのか」という問いがある。そのような理想の政治は、例えば次のように定義される。

【政治の概念】
政治とは、公共の利益を目的とする活動である。私的な利益を追求するのではなく、政治共同体の構成員にとっての共通の利益を目指すところに、政治という活動が持つ特徴がある。

このような考え方には、あまり馴染みがないかもしれない。政治という言葉を聞くと、「政治家」という職業が思い浮かぶことも多いだろう。そして、政治家といえば、選挙に勝つためならば何でもする、私利私欲に満ちた存在だというイメージも強いに違いない。だが、政治という活動は、職業的な政治家が登場する前から行われていた。そのため、政治学において政治の概念を定義する際には、政治家の存在を一旦脇に置いて考えることが多い。そして、政治の現実がどうあれ、理想として想定されているのは、男性と女性の両方にとっての、公共の利益の追求である。

それでは、公共の利益を目指す活動としての政治は、いかにして行われるのか。これについても、一つの理想の形が提示されてきた。

【話し合いとしての政治】

政治の基礎となるのは、政治共同体の構成員による話し合いである。公共の利益は、誰か一人がその内容を決めるものではなく、多様な視点を持つ人々による、言語を介したコミュニケーションを通じて明らかになる。

政治において話し合いを重視する考え方には、長い歴史がある。この考え方によれば、人間は言葉を話すことができる点で、動物とは異なる。そして、言葉を話すことができるからこそ、人間は善悪について判断し、正義や不正義について論じることができる。話し合いを重ねていけば、各人の私的な欲望を超えた、公共の利益が浮かび上がってくるだろう。そうだとすれば、誰かが一方的に意思決定を行うのではなく、参加者が時間をかけて話し合い、納得することを通じて、共同体の問題を解決するのが望ましい。このような政治を理想とする考え方には、それなりの説得力があるのではないだろうか。

ここまで考えた上で、この章の冒頭のエピソードに戻ってみよう。男性が自分の意見を述べ、女性はそれを黙って聞くというのは、話し合いだといえるだろうか。おそらく、そうとはいえまい。家庭の中ですら、男性と女性が対等に発言できないのだとすれば、同じような傾向は家庭の外にも表れるだろう。理想の政治は話し合いによって行われるという考え方を突き詰めれば、そこには男女の区別はないはずだ。男性が発言し、女性が聞き役に徹するという形で行われる政治は、その理想から明らかに逸脱しているのである。

男性支配という謎

少なくとも今日の日本において、男性だけが意見を言ってよいとか、女性は男性の意見を黙って聞かなければならないなどということは、いかなる法律にも書かれていない。それにもかかわらず、男性が女性に向かって一方的に自分の意見を言うという光景が、繰り返し出現する。これは、不思議な現象ではないだろうか。この国に住む誰もが自由に行使できるはずの言論の自由が、なぜか男性と女性の間では等しく行使されていないように見える。

そうだとすると、様々な疑問が湧いてくる。今日の日本では、話し合いに基づく政治は行われていない。むしろ、男性による支配が行われているのではないか。男性と女性の関係は、法的には平等でも、実質的には不平等なのではないか。何が、男性支配をもたらしているのだろうか。

しかし、このような疑問の答えを求めて、標準的な政治学の教科書を開いても、得られるものはあまり多くないだろう。おそらく、そこでは多元主義、マルクス主義、合理的選択理論、政治心理学など、様々な視点に基づく学説が紹介されている。そして、これらの学説は、なぜ現実の政治が話し合いに基づいて行われていないかを教えてくれるはずだ。だが、それらの学説は、男女の不平等がなぜ生じるかを説明するものではない。このため、教科書の読者は、男性が政治において有利になったり、女性が政治において不利になったりするわけではないという印象を受けるかもしれない。このように、従来の学説が男性支配という現象を説明していないからこそ、政治学にジェンダーの視点を導入する必要性が生じてくる。

2 政治における権力

権力は何によって生まれるか

話し合いに基づく理想の政治が行われていないのだとすれば、現実の政治はどのような形で行われているのだろうか。キーワードは、権力である。標準的な政治学の教科書が描く現実の政治とは、権力を行使する活動である。特に、次の定義が紹介されることが多い。

【権力現象としての政治】

デヴィッド・イーストンの『政治体系』(一九五三年)によれば、政治とは「社会に対する諸価値の権威的配分」を行う活動である。政治は、市場取引のような自発的な活動とは異なり、構成員に自らの意思に反する行動を強制するという意味で、権力をともなう。こうした権力は、今日の世界では国家という巨大な組織を通じて行使される。日本の場合、中央省庁や地方自治体が、税金を集め、企業活動を規制し、社会福祉サービスを提供するなど、様々な行政活動を通じて、市民生活に大きな影響を及ぼしている。

国家権力をどのように行使するかを決める際には、話し合いとは異なる方法が用いられる。そのための方法は、投票と交渉の二つに大きく分かれる。

まず、多くの国において、国家権力は投票に基づいて行使されている。投票で勝った側が、負けた側に自らの意思を強制するのである。通常、この投票の仕組みに関するルールは憲法などの法制度によって定められており、一般に政治制度と呼ばれる。日本のような代議制民主主義の国では、有権者が選挙で国会議員を選び、その国会議員が制定する法律に従って行政活動が行われる。有権者の投じた票をどのように集計するかを定める選挙制度については、インドのような小選挙区制の国もあれば、オランダのような比例代表制の国もある。また、立法府と行政府の権限や選出方式を定める執政制度については、韓国のような大統領制の国もあれば、イギリスのような議院内閣制の国もある。

ところが、投票を通じて権力を握った人々の行動は、様々な社会集団の間の交渉によって左右される。そして、交渉に際して各集団がどれほどの影響力を持つかは、それぞれの集団の持つ権力資源によって左右される。例えば、政治家は企業からの政治資金の提供と引き換えに、経営者に有利な政策を作るかもしれない。あるいは、労働組合からの組織票の提供に対する見返りとして、労働者に有利な立法を行うかもしれない。一般に、アメリカでは経営者の影響力が強く、スウェーデンでは労働者の影響力が強いと言われている。

このように考えた場合、政治とは、権力を握る人々が、それ以外の人々に自らの意思を強制する活動である。そして、ある国で誰が権力を握るかは、その国における権力資源がどのように分布し、政治制度がどのように設計されているかに左右されることになる。政治的な権力構造は、国ごとに大きく異なる形を取るであろう。標準的な政治学の教科書の多くの部分は、こうした権力構造の解説にあてられている。

だが、ジェンダーの視点から見ると、このような解説では、肝心なところがはっきりしない。

例えば、政治家や官僚など、教科書が描く政治の世界の登場人物の多くが男性なのは、なぜなのだろうか。経営者が組織する業界団体や、労働者が組織する労働組合は登場するのに、女性の利益に関わる集団が登場しないのは、なぜなのだろうか。

ここでの問題の所在は、日本の政治に当てはめて考えることで、より明確になるだろう。標準的な政治学の教科書において、日本政治の権力構造は、おおむね次のように解説されてきた。

【日本政治の特徴】

戦後日本では、中選挙区制の下で自由民主党(自民党)の一党優位政党制が成立し、首相の座をめぐって与党内の複数の派閥が争う構図が定着する一方、農協や医師会など、各分野の利益集団が族議員や官僚と結びついていた。その結果、権力は極度に分散し、冷戦終結とバブル崩壊にともなって様々な政策課題が噴出する中で、有効な意思決定を行うことが困難になった。このため、一九九〇年代には選挙制度改革や行政改革が行われ、首相への権力集中が進んだ。

これは、一見すれば常識的な解説だろう。だが、ジェンダーの視点から見た場合、そこには日本政治の極めて重要な特徴が含まれていない。その特徴とは、日本において政治家や高級官僚などの政治エリートの圧倒的多数を男性が占めているという事実である。

列国議会同盟（ＩＰＵ）の調査によれば、二〇一九年六月現在、日本の衆議院における女性議員は全議員の一〇・二％（四六三人中四七人）であり、議会下院における女性議員の割合としては世界一九二カ国中一六三位に相当する。参議院における女性議員の割合は二〇・七％（二四一人中五〇人）であり、衆議院ほど極端に女性議員の割合が低いわけではないが、二院制の国の中では世界七九カ国中四四位である。

他方、内閣府男女共同参画局の『男女共同参画白書』によれば、中央省庁の最高幹部である事務次官や局長など国家公務員の指定職相当に占める女性の割合は、二〇一八年七月現在で、わずか三・九％にすぎない。二〇一五年に経済協力開発機構（ＯＥＣＤ）が行った調査によれば、ＯＥＣＤ諸国の行政機関の上級管理職に占める女性の割合の平均は三三％であり、日本は二九カ国中最下位であった。

つまり日本の政治には、まず何よりも、男性の手に権力が集中しているという特徴がある。今日、これは少なくとも先進国の間ではあまり見られない現象であるといえよう。日本は権力が分散している国であるという通説的な評価は、権力を握る男性たちの間の関係を記述しているにすぎない。その背景にある男女の不平等の構造は、この記述からは抜け落ちてしまう。

それでは、何が男性支配をもたらしているのだろうか。男性の権力は、どこから来るのだろうか。この問題について考えるには、従来とは別の角度から権力の源について考える必要がある。ここには様々なアプローチがありうるが、本書ではジェンダー規範(gender norms)が生み出す権力を重視することにしたい。

ジェンダー規範と家父長制

制度上は平等な権利を与えられていても、男性と女性の間に権力関係が生まれ、男性が女性に対して優位に立つ。このような権力関係は、法律を中心とする公式の制度とは別に、社会の中に目に見えないルールが存在することに由来する。そのルールは、次のような形式を取る。

- 男性は男らしく、女性は女らしくなければならない。

このルールを、一般にジェンダー規範と呼ぶ。ジェンダー規範は社会規範の一種であり、人間を男性と女性の二種類に分けた上で、それぞれの人に自らの性別に合わせて一定の仕方で振る舞うように命じる。

ジェンダー規範は、常に対になっている。例えば、一〇年、あるいは二〇年ほど前であれば、次のようなことが当然であるか、もしくは好ましいと考えられていた。男性は冷静沈着に、女性は感情豊かに振る舞うこと。男性はズボンを、女性はスカートをはくこと。男性は髪を短く切り、女性は髪を長く伸ばすこと。男性は仕事に行き、女性は家で子どもを育てること。つまり、男性に何らかの行動を求める規範は、同時に女性には別の行動を求める。

ある行動が、法律では許されていても、ジェンダー規範によっては許されていない場合、人はその行動を選択しづらい。服装は男女に関わりなく自由であるはずだが、男性がスカートをはいたり、女性が坊主刈りにしたりすることは滅多にない。悲しい時は涙を見せても良いはずだが、男性が人前で涙を見せることは珍しい。これらの例は、いずれもジェンダー規範の働きを表しているといえよう。

それでは、ジェンダー規範はどこから来るのか。一般に本質主義（essentialism）と呼ばれる立場に従えば、男らしさや女らしさは、男性と女性の生物学的な違いを反映して、自然に生じてくる。身長、筋肉量、脳の構造、男性ホルモンのひとつであるテストステロンの値など、男性と女性は遺伝的に違いがあるのだから、両者に向いている生き方も異なると考えるのである。

しかし、この考え方には重大な欠点がある。確かに、平均的に見れば男性と女性には様々な違いがあるのかもしれないが、個々の男性の間の違い、そして個々の女性の間の違いは、男女の平均値の差に比べてあまりにも大きい。このような、それぞれに個性あふれる人々の行動が、ジェンダー規範の命じるような形で、男性と女性で明確に二つに分かれるとは考えにくいのではないか。そうだとすれば、ジェンダー規範は、決して人間の生物学的な本性を踏まえたものではない。それは、何らかの形で社会的につくられたものであろう。

こうした考え方を、構築主義(constructivism)と呼ぶ。人がジェンダー規範を身につける過程には様々な側面があるが、子どもが社会規範を学習する過程、すなわち社会化の過程が重要な役割を果たすと考えられてきた。家庭や学校など様々な場面で親や友人と交わす会話だけでなく、メディアとの接触などを通じて、人は男らしい、女らしい振る舞いを学んでいく。

ジェンダー規範は、男性と女性に異なる社会的な役割を与える。それを通じて生じる男性と女性の分業関係を、性別役割分業と呼ぶ。性別役割分業を定めるジェンダー規範は、典型的には次のような形式をとる。

- 男性は、仕事に就き、家族を養わなければならない。女性は、家庭において、家事や育児を行わなければならない。

この規範は、「男は仕事、女は家庭」といった言い回しに表れてきた。それに従えば、男性は家庭の外で経済活動や政治活動に従事するべきであるのに対して、女性は家庭において家事や育児に従事する「良妻賢母」であるべきだということになる。

問題は、女性が男性とは異なる役割を与えられるだけでなく、男性よりも低い地位に置かれることにある。例えば、男性の仕事は対価が支払われる有償労働であるのに対して、女性の家事や育児は対価をともなわない無償労働となる。男性は「一家の長」として扱われ、女性はそれを補助する「内助の功」を発揮することが求められる。

こうして生まれる男性支配の構造は、家父長制(patriarchy)と呼ばれることもある。それは、独裁者が軍事力を用いて国を支配する独裁体制のような権力構造とも、企業の経営者が経済力を用いて労働者を支配する資本主義のような権力構造とも異なる、独自の権力構造である。

感情を通じて作用するジェンダー規範

ジェンダー規範のような社会規範が作用するメカニズムを考える上では、法的なルールとの対比が有効だろう。誰かが法律に違反した場合、警察に逮捕されることや、損害賠償を求められることなど、何らかの物理的・経済的な制裁が加えられる。そうした制裁を避けたいと考えるからこそ、人々は法的なルールに従う。社会規範も、それに違反した人が制裁を受ける点では法的なルールと似ている。規範から逸脱した人には、無視されたり仲間外れにされたりするといった形の黙示的な制裁から、身体的な暴力を振るわれるといった明示的な制裁まで、様々な制裁が加えられる。

だが、社会規範と法律とでは、違反によって生じる帰結が大きく異なる。法律の場合、違反に対する制裁は、国家権力に裏付けられている。一例を挙げれば、目の前で凶悪な強盗事件を目撃した人が、犯人を自分から捕まえようとすることは少ない。多くの人は、警察に通報し、事件の解決を委ねるだろう。これに対して、社会規範の場合には、国家権力の裏付けは必要ない。社会規範に違反している人を目撃した人は、その違反者を避け、冷たい態度を取るといった形で、自発的に制裁を加える。

個人による社会規範の執行には、感情の働きがともなう。ある社会規範を受け入れた人は、それに違反した人に対して軽蔑の念を覚える。自分がその規範に違反した場合には、逆に恥ずかしさや後ろめたさを感じる。このような感情の働きによって、社会規範は、国家権力に頼ることなく、人々の行動を制約する。

ジェンダー規範から逸脱した人も、負の感情に晒《さら》される。例えば、女性に対して男性が抱く女性蔑視の感情や、女性が自分自身に抱く自己嫌悪の感情を指して、ミソジニーという言葉が使われることがある。ミソジニーに直面しやすいのは、女性の中でも、とりわけ「女らしく」生きることを拒否する女性である。逆に男性も、「男らしく」振る舞うことができない場合には、「情けない」などと言われ、生きづらさを感じることになる。

ジェンダー化された組織

今日の日本では、「男は仕事、女は家庭」といった規範を正面から肯定する人は減ってきている。明示的な男女差別を行えば、たちまちマスメディアなどの批判の対象となるだろう。このため、企業や官庁の人事採用担当者は、自らの組織に必要な資質を持つ人を採用していると述べるだろうし、政治家の役職を決定する政党の幹部は、性別に関係なく適材適所で人材を起用していると述べるに違いない。このような事情もあってか、男性の多くは自分が特権的な地位を享受している感覚を持っていない。

それにもかかわらず、やはり世の中は男性優位である。家庭の外で政治活動や経済活動に携わる時、人は企業、官庁、政党など、何らかの組織に所属することが多い。それらの組織において、男性が女性よりも多く採用され、優先的に昇進していく現象が、広く観察されている。組織における性別役割分業は、家庭における性別役割分業を反映しているのであろう。例えば、経営者には男性が多く、秘書には女性が多い。パイロットには男性が多く、キャビンアテンダントには女性が多い。医師には男性が多く、看護師には女性が多い。どの組み合わせも、男性を女性が補佐する形になっている。なぜ、男女差別が行われにくくなっているはずの世の中で、男性と女性の地位に大きな違いが生じるのだろうか。

この現象を説明する上では、組織の規範が大きな役割を果たす。いかなる組織であれ、その構成員には、一定の役割が期待される。その規範は、次のように定式化される。

• この組織の構成員は、Xでなければならない。

通常、このXの内容は、性別によって定義されているわけではない。そこには、「冷静沈着」「質実剛健」「競争的」「積極的」「野心的」などといった単語が入る。市場競争で勝ち抜いたり、権力を掌握したりする上では、これらの資質が必要であるという考え方もあるだろう。この考え方自体は、一見するともっともらしい。

だが、ここでXに含まれる資質は、多くの場合、「男らしい」と言われる性質と重なっている。たとえ組織規範が男性と女性を差別していなかったとしても、男性と女性に対しては社会の中で次のジェンダー規範が課せられている。

• 男性は、Xでなければならない。女性は、Yでなければならない。

こうした規範に基づいて男女の性別役割分業を生み出す組織を、ジェンダー化された組織(gendered organizations)と呼ぶ。ジェンダー化された組織では、明示的に男性を優遇しているわけではない組織規範も、「男らしさ」を優遇している。

このような視点から見れば、資本主義という経済システムそのものが、激しい市場競争をともなうという意味で、「男らしさ」と結びついている。これまで多くの日本の会社の社員は、会社のために深夜まで働き、上司と夜の街に繰り出し、辞令に従って転勤し、部下を叱咤激励して売り上げ目標を達成することを求められてきた。そのような組織の規範は、社員が会社に献身する陰で、誰かが家庭において家事や育児を担っていることを前提にしている。それが女性よりも男性に有利な規範であることは、言うまでもない。

男性はジェンダー規範の命じる通りに振る舞えば、組織の規範に従うことができる。これに対して、女性はジェンダー規範に従って行動する限り、組織規範に従うことができない。

その結果、女性は「ダブル・バインド」に直面する。ダブル・バインドとは、二つの矛盾する要求で板挟みになることを意味する。一方には、積極性があり、競争的な、「男らしい」行動を求める組織規範があり、他方には優しく、包容力のある、「女らしい」行動を求めるジェンダー規範がある。例えば、会社で出世競争に勝ち抜くには、他人を押しのけてでも積極的に行動しなければならないとする。だが、そのような「男らしい」行動をとる女性は、「女らしくない」と言われてしまう。男性であれば「リーダーシップがある」と評価される行為は、女性であれば「偉そうだ」とみなされる。

つまり、組織の構成員が直面する規範は、実際には二重構造になっている。その基底には男性と女性に異なる振る舞いを命じるジェンダー規範があり、それを補う形で、組織の構成員に一定の振る舞いを命じる組織規範がある。この組織規範が表面上はジェンダー中立的であるからこそ、それ自体は批判の対象になりにくい。組織の構成員も、自分は男女差別をしているつもりはなくても、無意識のバイアス(unconscious bias)の働きによって男性と女性に対して異なる基準を当てはめてしまう。こうして、男女を差別しないはずの組織において、大きな男女の不平等が生まれることになる。

政治制度とジェンダー

政党や官僚制といった組織の活動を規定する政治制度も、このようなバイアスと無縁ではない。一見するとジェンダー中立的な規則や慣行も、実は「男らしい」振る舞いを高く評価し、「女らしい」振る舞いに低い価値を与えてきたのではないか。この問題意識に基づく政治制度の研究は、一般にフェミニスト制度論(feminist institutionalism)と呼ばれている。

政治家を志す女性たちは、常にダブル・バインドに直面してきた。例えば、一九八六年に日本社会党(社会党)の委員長として登場した土井たか子は、男性の政治家たちから独身であることをしばしば揶揄《やゆ》された。同じ頃、「主婦」であることをセールスポイントにする議員は、「家事・育児をおろそかにしている」「台所の感覚で政治をやろうと勘違いしている」といった批判を浴びていた。このジレンマは、特に伝統的なジェンダー規範を内面化した女性にとっては、政治活動に対する強い制約となるだろう。しばしば、保守系の女性政治家がフェミニズムに対する厳しい批判を展開するのは、自らのジェンダー規範からの逸脱を埋め合わせるための戦略の一環であると考えられている。

ジェンダー規範からの逸脱に対する制裁が繰り返されることは、女性が自発的に政治の世界から退場するという結果をもたらす。「女性は女性らしく、他人と表立って競争するのではなく協調するべきだ」という規範の下で社会化された女性は、選挙活動に常にともなうような激しい競争を避けるであろう。このようなジェンダー規範の効果は、実験によって確かめることができる場合もある。例えば、アメリカで行われた研究によれば、ある地区の共和党支部が党員集会に出席した党員に対して立候補への関心を尋ねるアンケートを実施した際、一部の回答者には「選挙では厳しい競争を勝ち抜かなければならない」という趣旨の注意書きを添えたところ、何らかの関心を示す女性の回答者の割合が大きく落ち込んだという（注意書き無しの場合は二〇％、有りの場合は五％）。このような効果は、男性には見られなかった（同三三％、三一％）。女性に競争を回避させるジェンダー規範がある限り、自由な競争に開かれた選挙制度は、それが競争的であるがゆえに、男性に有利な仕組みになってしまう。

標準としての男性、例外としての女性

ジェンダー規範の広がりを捉えるには、実際に世間で使われている言葉を見るのがよい。例えば、新聞を読んでいると、「男性」という言葉に比べて「女性」という言葉の方が明らかに多く登場する。これは、新聞が女性を多く取り上げていることを意味するわけではなく、男性に関する記事が書かれる場合には性別を敢えて記載していないことを意味する。

一例として、ここでは政治家を見てみよう。「朝日新聞記事データベース聞蔵Ⅱ」によれば、一九八五年一月一日から二〇一八年一二月三一日までの『朝日新聞』東京版本紙の朝刊において、「女性議員」という単語は一〇七二件の記事に登場した。これに対して、「男性議員」という単語を含む記事の数は一四七件にすぎない。後者のうち、「女性議員」という単語を含まない記事の数は五五件であり、その記事の大半も、「女性」という単語を含むか、何らかの意味で女性に関係している。日本に関する記事の中で最も日付が新しい「民進は男女差別をしていないか」(二〇一七年九月二四日)と題する投書は、当時の野党第一党であった民進党の女性議員が週刊誌に不倫を報道されて離党に追い込まれた件に関して、党の対応が同じような問題を起こした男性議員と比べて厳しいことを批判している。

日本では、国会と地方議会とを問わず、議員の大半を男性が占めてきた。そのことに鑑みれ

ば、『朝日新聞』が「女性議員」という言葉を使うのは、標準的な議員が男性であるという想定の下、女性議員が例外として見なされていることの裏返しであろう。『読売新聞』『日本経済新聞』『毎日新聞』などの他の全国紙でも、「女性議員」という言葉が登場する回数は「男性議員」のおおむね一〇倍程度である。

ジェンダー規範の働きは、政治のあらゆる側面に及んでいる。以下では、男性と女性の間の話し合いという、政治における最も基本的な活動がどのように展開するかを見てみることにしたい。

3 マンスプレイニングの罠

説明する男性たち

日本のテレビ番組を眺めていると、男性が何かを説明し、女性がその説明に頷きながら話を聞いている場面を見かけることが多い。評論家、ジャーナリスト、学者、政治家などといった様々な肩書を持つ男性が、世の中で起きる諸々の出来事について、自分の意見を述べている。その表情は自信に満ちており、口調も堂々たるものだ。一方、その男性の反対側には、話に耳を傾けている女性がいる。女性は自分の意見を言うのではなく、男性に質問を投げかけ、より詳しい説明を求める。このように、男性が意見を言い、女性がそれを聞く光景は、日本だけでなく世界各国で広く見られる。

これは、単なる印象論ではない。近年、日本を含む様々な国で「討論型世論調査」や「ミニ・パブリックス」と呼ばれる実験が行われてきた。この種の実験には、人々の話し合いに基づく民主主義、いわゆる熟議民主主義(deliberative democracy)の可能性を探る目的がある。単に個々の市民の頭に浮かんだ意見を集計するよりも、市民が実際に他人と話し合った上で意見を集計した方が、より望ましい結論が出るのではないか。この発想に基づき、市民の中から無作為に選んだ人々を集め、政治的な問題について少人数のグループで議論し、意見を問うのである。ところが、このような実験を行うと、多くの場合、男性の方が女性よりも発言回数が多くなる。これは、一度しか顔を合わせることのない男性と女性の間の話し合いでさえ、女性が男性の話の聞き役に回っていることを意味する。

なぜ、男性と女性の間で、このような役割分担が行われているのだろうか。その理由は時と場合で違うのだろうが、おそらくは女性が自らの意見を言うことを妨げるジェンダー規範が何らかの形で作用している。そのような規範が働く場面は、大きく分けて三つある。

マンスプレイニング――一方的な発言

女性は、あまり世の中のことについて詳しくないだろう。だから、特に意見も持っていないに違いない。それならば、ここは自分が会話をリードしよう。このような思い込みに基づき、男性は女性に対して一方的に自らの意見を説明する。

この現象を、マンスプレイニング（mansplaining）と呼ぶ。これは、「男性」を意味する「man」と、「説明すること」を意味する「explaining」を合わせた造語であり、二〇〇〇年代にアメリカのインターネット空間で流行した後、近年になって日本にも伝来した。この言葉が生まれるきっかけになったのは、作家のレベッカ・ソルニットが二〇〇八年に発表したエッセイ「説教したがる男たち」の中の体験談だと言われている。

それは、とある裕福な男性が自分の屋敷で開催したパーティーでの出来事である。別の女性の友人と一緒に来ていたソルニットは、主催者の男性に呼び止められた。自己紹介を求められた彼女は、つい最近自分が発表したばかりの、ある写真家の伝記について説明を始めようとした。ところが、彼女が話を始めるや否や、男性は話を突然遮り、こう言った。「でも、その写真家については、重要な本が出たばかりじゃないか」。そして、その本について、延々と長話を始めたのである。話を聞くうちに、ソルニットは、男性の話に何か聞き覚えがあることに気づいた。それもそのはず、男性が得意げに紹介している本は、彼女がまさに紹介しようとしていた自分の本に他ならなかったのだ。しかも、男性は実際にはその本を読んでおらず、新聞の書評欄に目を通しただけにすぎないであろうことも判明する。男性は、まさかソルニットが、新聞に書評が出るほどの本を書くような作家だとは気づかずに、知ったかぶりをしていたのである。隣にいた彼女の友人が、やんわりと指摘する。「それ、彼女の本ですよ」。男性は絶句し、会話は終わってしまった。

男性の発言のすべてがマンスプレイニングに当たるわけではない。マンスプレイニングとは、女性が男性に説明することを求めていない場合、あるいは、男性が女性に説明するだけの知識を持っているとは考えにくい場合に生じる現象である。マンスプレイニングによって、男性の発言する時間は長くなり、女性の発言する時間は短くなる。

マンタラプション——発言の遮断

ソルニットのエピソードには、もう一つの重要なポイントがある。それは、男性が彼女の発言を遮って自分の話を始めた、という点である。この現象は、マンタラプション(manterruption)と呼ばれている。

マンタラプションは、「男性」を指す「man」と「遮ること」を指す「interruption」を組み合わせた造語であり、マンスプレイニングにやや遅れて流行を開始した。流行のきっかけは、二〇〇九年にアメリカのテレビ局MTVが主催するビデオ・ミュージック・アワードの授賞式で起きた事件だと言われる。その日、カントリー歌手のテイラー・スウィフトが、有力だった歌手のビヨンセなどを抑えて賞に輝いた。彼女が受賞スピーチを始めようとした時、客席にいたラッパーのカニエ・ウェストが壇上に駆け上がり、マイクを奪って、こう言った。「スピーチは最後までやらせてやるけど、その前にひとつ言わせろ。ビヨンセのビデオは、史上最高の出来だった!」。このエピソードは多くの音楽ファンの顰蹙《ひんしゅく》を買い、バラク・オバマ大統領までもがオフレコで非難したことが暴露されるなど、大きな話題となった。

男性が女性の発言を遮れば、その分だけ女性の声は政治に反映されにくくなるであろう。歴史的に見ても、政治的な発言をしようとする女性たちは、その政策的な立ち位置に関係なく、常に発言を妨げられてきた。一九三一年、市川房枝が第二回全日本婦選大会の開会の辞を述べようとした際、右翼活動家の赤尾敏が市川を壇上からひきずり下ろそうとした。赤尾は、女性参政権が認められた戦後も市川の関わる集会に登場し、同様の妨害行為を働いたという。イギリスのマーガレット・サッチャー首相は、男性の政治家に比べてインタビューの際に発言を遮られることが目立って多かった。一九八二年には、その原因に関する心理学の論文が科学誌『ネイチャー』に掲載されたこともある。この論文は、サッチャーの話し方に原因を求めるものであり、話を遮る男性たちの側に原因があるという発想はなかった。二〇一六年のアメリカ大統領選挙における候補者討論会では、共和党候補者のドナルド・トランプが、民主党候補者のヒラリー・クリントンの発言を一方的に遮り続けた。

もちろん、他人の発言を遮断した経験は誰にでもあるに違いない。ただ、これらのマンタラプションは、政治を男性の役割とするジェンダー規範に基づいて女性の発言を封じる点に特徴がある。最近では、議会の議事録を定量的に分析することによって、男性と女性の発言のパターンを精密に比較する研究が行われるようになってきた。興味深いことに、ただ単純に男性と女性が相互の発言を遮る程度を比較すると、必ずしも大きな差が検出されるわけではない。むしろ、マンタラプションは、一部の男性によって集中的に行われているらしい。そのような行為に及ぶ男性は、とりわけ「男らしさ」へのこだわりが強いのであろう。

ブロプロプリエイション——発言の横取り

最後に、男性は女性の発言を自らの発言として横取りする傾向があると言われる。このため、女性が有意義な発言をしたとしても、その発言は男性が行ったことになってしまい、女性は議論に貢献しなかったことになってしまう。

この現象は、ブロプロプリエイション(bropropriation)と呼ばれる。これは、「兄弟(brother)」と「盗用(appropriation)」を組み合わせた造語であり、マンスプレイニングとマンタラプションの両方をくぐり抜けた女性が何か意見を言ったとしても、その発言を自分の意見として認めてもらえないことを意味する。

ブロプロプリエイションには、男性の方が女性に比べて自分の功績を誇りがちであることとは別に、周囲が男性の発言を女性の発言よりも重視することによって生じる部分も大きい。例えば、『女性の解放』(一八六九年)などの著作で知られるイギリスの政治思想家ジョン・スチュアート・ミルは、『自由論』(一八五九年)を含む自身の著作の多くが、実質的には妻のハリエット・テイラーとの共同作業に基づいていたことを自伝の中で明らかにしているが、そのことはあまり知られていない。少し古い研究書を読んでいると、妻が夫の原稿をタイプし、文献調査を行うなど、実質的な共著者としての役割を担っている例に出合うことも多い。このような場合、妻の名前は表に出てこなかった。今日でも、男性研究者は自分自身や他の男性研究者の論文を優先的に引用するため、女性研究者の論文は相対的に引用されにくいと言われている。

組織の男女比とクリティカル・マス

男性が一方的に意見を言う状況は、常に生じるわけではない。男性が一方的に発言するのは、その場面で作用する組織規範が、男性を優位に立たせるためである。別の環境では、女性が発言しやすい条件が整う場合もある。

特に、男女比は重要な鍵を握るであろう。議論の参加者の中で、どちらか一方の性が多数を占める場合、少数の側は発言しにくくなる。男性が圧倒的多数を占める空間に少数の女性が参加する場合、女性は自分の意見を言いづらくなる。その結果、女性は形だけの存在となってしまい、実質的には男性のみからなる空間と変わらなくなる。日本の国会のように、男性が女性に比べて圧倒的に多い場では、女性はその人数の少なさゆえに、存在感を発揮することが一層難しくなっているといえよう。

このような現象が生じるのは、組織の男女比が、組織規範のシグナルとなるからだと考えられている。男性が多い組織における女性の参加者は、その組織では男性らしい行為が要求されているというシグナルを受け取る。女性である自分は、ここでは軽んじられるであろう。そう感じるがゆえに、女性の参加者は肩身が狭くなり、本来の力を発揮できなくなる。これに対して、組織の構成員の男女比が均等であれば、その組織が男性を優遇するわけではないというシグナルが伝わり、女性も男性と対等に議論に参加できるようになる。

組織の男女比に注目が集まってきた理由は、それが制度的にコントロールできることにある。男性に男らしさを求めたり、女性に女らしさを求めたりするジェンダー規範を法律で直接覆すのは難しい。これに対して、ジェンダー規範の働きによって生じる組織の男女比の偏りは、法的なルールを作ることで対処することができる。第4章で紹介するように、諸外国では、選挙における候補者や議席を男性と女性に一定の比率で割り当てるクオータ制が用いられている。

それでは、男女比がどの程度であれば、女性は男性と対等に議論できるのか。この問題については、クリティカル・マス理論という学説が強い影響力を持ってきた。クリティカル・マス（臨界質量）とは、元々は核物理学の用語であり、その質量を超えると連鎖的に核分裂反応が起きる最小の質量を指す。政治におけるクリティカル・マスは、その値を上回れば女性が本来の力を発揮できるようになるような、議員の女性比率を示す概念である。この概念は、ドゥルーデ・ダールラップによる一九八〇年代の北欧議会の研究を通じて、政治学でも広く知られるようになった。

クリティカル・マスの水準や効果の有無には諸説あるが、国際機関や各国政府機関では三〇％という数字が重視されてきた。日本でも、二〇〇三年に男女共同参画推進本部が「社会のあらゆる分野において、二〇二〇年までに指導的地位に女性が占める割合を少なくとも三〇％程度とする」という目標を決定し、二〇〇五年の第二次男女共同参画基本計画にも同様の目標が書き込まれた。

組織の男女比の偏りを是正する制度の意義は、ただジェンダー規範の働きを和らげることにとどまらない。男女に等しく開かれた組織が増えていけば、女性が男性と対等に議論することが当たり前になっていく。そのことを通じて、男女の不平等の基礎となっていたジェンダー規範にも変化が生じていくと考えられているのである。

だが、今日の日本社会でも、男性が何かを説明し、女性がそれを黙って聞く場面が多い。それが具体的にいかなる帰結をもたらしているのかについて、次に考えてみることにしたい。

4　政治の争点

争点はどこから生まれるのか

人間は、自分の立場を一度固めてしまうと、容易には説得されない。話し合いが決裂すれば、あとは強制的に相手を屈服させるしかないという立場もあるだろう。実際、政治学の教科書には、国境線をめぐる国家同士の領土紛争や、議会における多数派工作など、権力闘争のメカニズムが無数に描かれている。その行方を左右するのは多くの場合、権力資源や制度的な権限であって、当事者たちの主張の妥当性ではない。

だが、これらの例に見られるような権力政治が行われるには、何について意思決定を行うのかがすでに決まっていることが前提となる。この意思決定の対象となる問題を、争点（アジェンダ）と呼ぶ。標準的な政治学の教科書では、次のような争点が重視されてきた。

【重要な政治争点】

多くの国では、経済政策と安全保障政策が最も重要な政治争点である。経済政策の場合、経済的な平等を重視し、福祉国家に基づく「大きな政府」を掲げる立場と、経済的な自由を重視し、市場競争に基づく「小さな政府」を目指す立場が対立する。安全保障政策については、軍備の縮小を主張する立場と、国防体制の充実を重視する立場がある。

これらの争点に対する態度に基づいて、政治的な右派と左派の対立軸が形成される。日本では、右派は「保守」、左派は「リベラル」と呼ばれている。両者の最も重要な対立軸は、憲法九条と日米安保条約を中心とする安全保障政策である。

経済政策や安全保障政策をめぐる争いが重要であることは、確かに間違いない。だが、考えてみれば少し不思議ではないだろうか。イーストンの言うように、政治が「社会に対する諸価値の権威的配分」を行う活動なのだとしたら、その範囲は本来、限りなく広い。いかなる宗教を信じるべきか、どのように子どもを教育するべきか、などと考え始めれば、争いの対象とならない現象など、ほとんどない。当然、男性と女性の地位の不平等も、そのような争いの種となるだろう。そうだとすれば、むしろ男女の不平等への取り組みをめぐる争点の方が、安全保障政策や経済政策をめぐる争点よりも重要だという考え方があってもいいのではないか。
通常、安全保障政策や経済政策をめぐる争点は、それが実際に重視されているという理由で、教科書に登場する。しかも、これらの争点は、政治エリートが重要だと考えているだけでなく、一般市民の間でも重視されている。これに対して、男女の不平等は、重要な政治争点としてはこれまで認識されてこなかった。つまり、それは政治の中心的な問題だと思われてこなかったのである。

ジェンダーという新しい争点

もう一歩踏み込んでみよう。経済政策や安全保障政策をめぐる争点は、なぜ人々に重視されているのだろうか。なぜ、男女の不平等は争点として重視されてこなかったのだろうか。より一般的にいえば、争点はなぜ、争点として浮上するのだろうか。この問題について考える上では、新しい争点が浮上するメカニズムについて考えてみるとよい。政治学の教科書がジェンダーの概念を紹介する時、そこでは次のような記述が行われることが多い。

【脱物質主義的価値観と新しい政治争点】
一九七〇年代以降の世界では、脱物質主義的価値観が広まり、伝統的な左右対立には収まらない新たな争点が噴出している。まず、原子力をはじめとする科学技術の不確実性をどのように制御するのか、そして、二酸化炭素の排出にともなう気候変動などの環境問題にどのように対応していくのかという問題がある。さらには、フェミニズム運動によって伝統的な性別役割分業に対する異議申し立てが行われた結果、ジェンダーも争点として浮上している。また、移民の増加にともない、多文化主義も影響力を増した。逆に、移民の流入に対する反動として、近年ではヨーロッパを中心に極右政党が支持を伸ばし、大きな議論を呼んでいる。

これらの争点の多くは、社会問題の深刻化に対応する形で生じたものである。例えば、一九七〇年代以降に環境問題が争点として浮上したことの背景には、原発事故の発生や地球温暖化の進行といった問題があった。移民をめぐる政治対立の激化も、途上国から先進国への移民や、内戦にともなう難民の発生による人の移動の増加に対応している。社会問題が深刻化することで新たな争点が生まれるというのは、一見すると自然なことにも思える。

だが、こうしたメカニズムは、ジェンダーに関しては当てはまらない。なぜなら、歴史的に見れば、昔の方が今に比べて男女の不平等は深刻だった。ところが興味深いことに、男女の平等化が進んだ現在の方が、その争点としての重要度は明らかに高くなっている。さらに、日本

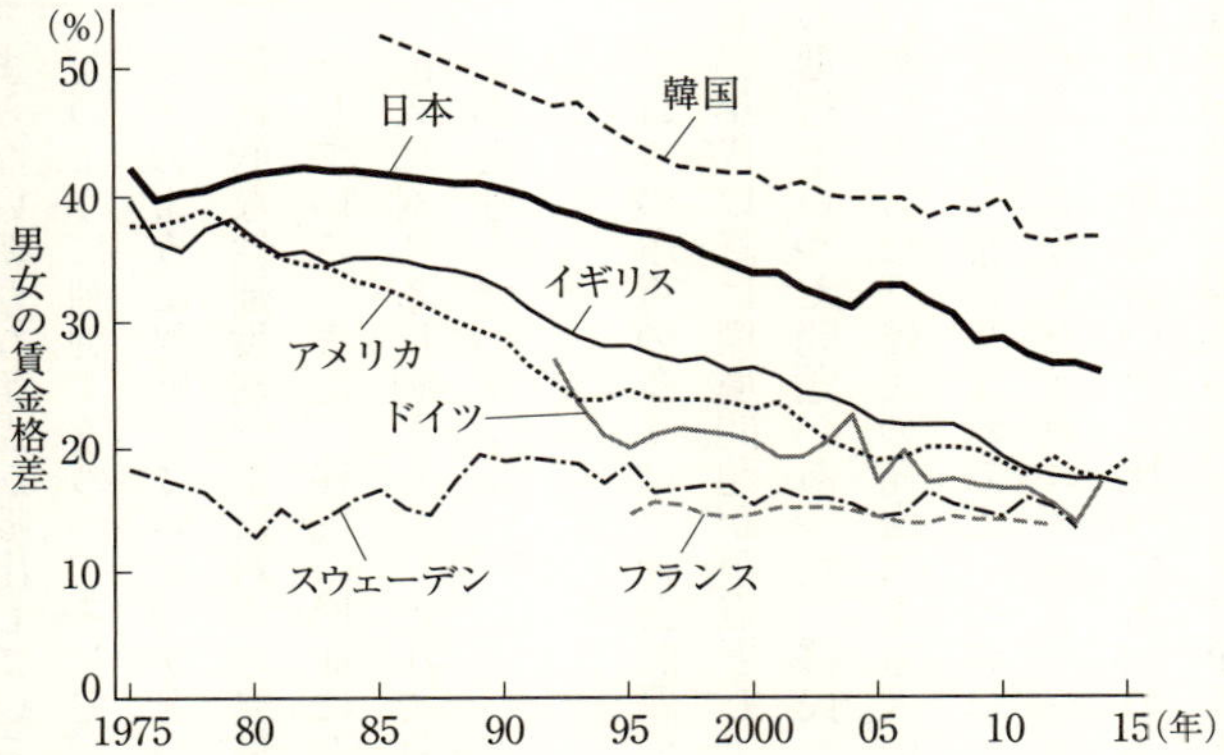

出典：OECD.Stat より筆者作成.

図 1-1　男女の賃金格差の推移

では、他の国々に比べて男女の不平等は争点として重視されてこなかったが、その程度は他の国々よりも深刻である。つまり、男女の不平等の深刻さは、その争点化とは結び付いていないのである。

男女の不平等の深刻さが、その争点化に結び付かなかった事実を確認するために、ここでは二つの簡単な指標を見てみたい。まずは、賃金格差である。図1-1では、OECDの労働市場統計に基づいて、日本における男女の賃金格差を六つの先進国と比較した。縦軸は、男性と女性の賃金の中央値(全体の分布の中央に位置する値)の格差を示している。この図を見ると、日本における男女の賃金格差は少しずつ改善傾向にあるものの、韓国を除くすべての国に比べて、依然として高い水準にあることが分かる。この格差は、女性の方が男性に比べて職位が低く、勤続年数が短いことに由来する。ここには、男女の不平等が歴然と示されている。

次に、ケア労働に関する男女格差の指標を見てみよう。ケアとは他者に対する世話を意味する概念であり、物理的な介助から精神的な援助まで幅広い活動を含む。家事・育児・介護など、家庭内のケア労働は、家族の構成員の生活を支える上では欠かすことのできないものであるが、金銭的な報酬をともなわない無償労働として行われる。だが、対価をともなわないからといって、ケア労働が有償労働に比べて楽だというわけではない。図1-2では、先ほどの七カ国について、国際社会調査プログラム(ISSP)の二〇一二年調査のデータを用いて、各国における男性と女性の週当たりの家事労働時間の平均値を比較した。

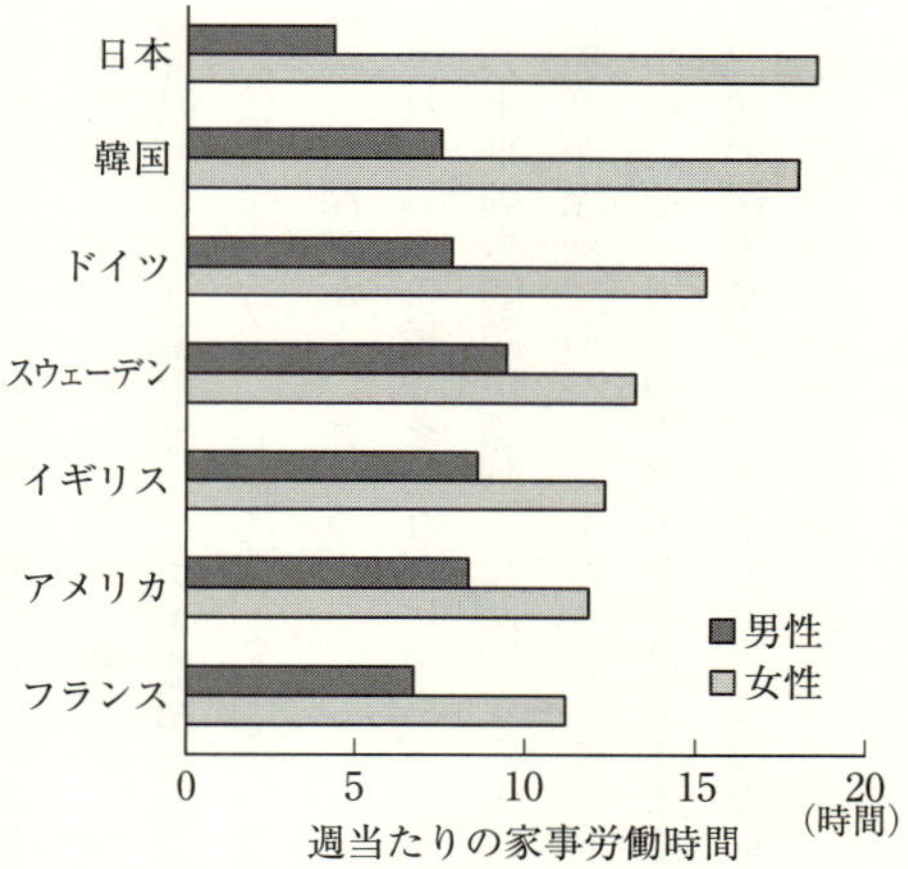

出典：ISSP 2012 より筆者作成.

図 1-2　男性と女性の家事労働時間(2012 年)

この図を見ると、日本は他の国々に比べ

て、男性の家事労働時間が著しく短いことが分かる。逆に、女性の家事労働時間は、サンプルの中で最も長い。働く女性が、帰宅後に家庭において一人で家事や育児を強いられる「ワンオペ育児」という現象は、ケア労働が事実上の第二の勤務シフトとなっているという意味で、「セカンド・シフト」と呼ばれることもあるが、この男女間の不平等は、日本では他の国に比べて一層深刻だといえよう。

これら二つの指標を見ただけでも、日本で男女の不平等が争点化してこなかった理由を、男女の不平等の問題が深刻でなかったことに求めることはできないことが分かる。むしろ、問題の程度が深刻であったにもかかわらず、長らく争点化してこなかったという方が、実態に近い。だからこそ、男女の不平等が深刻なままで残存してきたのであろう。

問題の深刻さが争点を生むわけではないのだとすると、争点はどこから来るのだろうか。ここに、話し合いの持つ意味がある。

争点を生み出す話し合い

話し合いが全く行われない世界は、紛争に満ちたものになるに違いない。何かの社会問題に取り組む際、暴力に訴えることなく解決を目指すには、問題を具体的に指摘し、解決策を提示する人と、それに反対する人との間で、まずは何らかの話し合いが行われる。そして、話し合いが決裂すると、争点が生まれる。争点が生まれた後は、標準的な政治学の教科書に出てくる様々な投票や交渉の仕組みを通じて、意思決定が行われる。だが争点の起源をたどっていけば、必ずどこかで、最初の話し合いが行われていた時点にたどり着く。

このように、争点は話し合いから生まれる。ジェンダーが政治の争点として浮上したのも、それまでは黙っていた女性たちが、男性に対する異議申し立てを開始したからに他ならない。かつて、男女の不平等が今よりも一層深刻だった頃、それに不満を抱く女性たちは、沈黙を強いられていた。ところが、ある時期から、女性たちは沈黙を守るのをやめ、声を上げ始めた。

世界史的に見れば、一九世紀半ばから二〇世紀前半にかけては、第一波フェミニズムが各国で隆盛し、女性の財産権や参政権を求める運動が行われた。一九六〇年代になると、女性参政権の導入後もなお解消されない男性支配への異議申し立てとして、第二波フェミニズムが登場し、女性運動が新たな広がりをみせた。今日、ジェンダーが「新たな争点」として教科書で紹介されるのは、この第二波フェミニズムの成果である。日本の場合、一九七〇年代に展開したウーマン・リブ運動が、人工妊娠中絶に制限を課す優生保護法改定への抗議行動などによって広く知られている。その後、国によっては一九九〇年代に第三波フェミニズムが誕生し、近年は第四波フェミニズムの時代が到来しているとも言われる。

従って、「ジェンダーが新たな争点として浮上した」というフレーズの意味は、男性と女性とでは捉え方が異なる。女性にとっては、それまで長く耐え続けてきた抑圧に対して、声を上げ始めたことを意味する。男性にとっては、女性たちが突然声を上げ、それまで男性が享受していた様々な特権を奪い始めたことを意味する。社会問題の悪化を通じて争点が生じるという意味で、ジェンダーを環境問題と同列に見るのは、実は男性的な発想なのである。

ここまで考えることで、マンスプレイニングをはじめとする現象が、政治にいかなる影響を及ぼすかがはっきりするであろう。男性が一方的に話し続けることは、女性の発言の機会を奪う。それは、特定の争点に関して男性の意見が女性の意見に比べて採択されやすくなることを意味するだけではない。それを通じて、女性が争点を提起する機会自体が封じられてしまうことを意味するのである。

女性の発言が行われなくなれば、政治の争点は男性が関心を持つものに限定される。日本でも、選択的夫婦別姓の導入や、妊娠・出産に関わるリプロダクティブ・ヘルス／ライツ、家庭内暴力の防止など、多くの女性が関心を持っている問題に対して、一般に男性の関心は弱い。非正規雇用をめぐる問題は、それが女性の問題である間は争点化されなかったが、二〇〇〇年代に若年男性の非正規化が進んではじめて争点化した。教科書が紹介するような政治の争点も、基本的には男性が関心を持ちやすい争点に偏ってきたと考えられる。

とはいえ、疑問も残る。たとえ問題の争点化に成功したとしても、それだけで相手を説得できるわけではない。「日本はジェンダー平等な社会を目指すべきだ」と訴える声に対しては、必ず「伝統的な日本の家族を守ろう」という声が上がり、「良妻賢母」の美徳を説く反論が浮上するだろう。そして、最後は国会などの意思決定の場において、何らかの投票が行われることで決着がつくに違いない。そうだとすれば、結局のところ重要なのは話し合いではなく、投票であるようにも思える。この問題について考えるため、投票の仕組みについて考えておこう。

5　多数決と争点

見えない権力

男女の不平等のような、従来は争点化してこなかった問題は、ともすれば重要ではない問題だと思われやすい。ところが、政治学の教科書を読んでいると、そうした争点化していない問題の方が、むしろ政治学が本来扱うべき重要な問題なのではないかと思えてくる時がある。例えば、次の学説は、様々な教科書において広く紹介されている。

【権力の三つの次元】

権力には、三つの次元がある。多数決の行方を左右するなど、明示的な行動の変化をもたらす権力は、表面的な「一次元的権力」にすぎない。むしろ、多くの問題は、そもそも政治の争点になること自体を妨げられ、現状の変更が阻止されている。このような、問題の争点化を防ぐ権力は「二次元的権力」と呼ばれる。さらに、争点が完全に隠蔽されると、当事者すら問題の所在に気が付かなくなる。このような、現状に対する不満を抑制し、紛争自体を消滅させる権力を「三次元的権力」と呼ぶ。

この分類によれば、すでに政治の問題として認識され、様々な利害関係者が権力闘争を繰り広げている争点については、一次元的権力という、最も表面的な権力が観察されているにすぎない。それは、権力を握る集団が、問題の争点化を封じるのに失敗した事例である。このような問題をいくら追いかけ回しても、二次元的権力や三次元的権力の作用を知ることはできない。権力者たちは、見えないところで、より強い権力を行使しているのかもしれない。何らかの工夫をすることで、こうした見えない権力の姿を明らかにするのは、政治学の重要な課題ではないだろうか。

ところが、教科書では、二次元的権力や三次元的権力がどのように働くのか、具体例が挙がることは少ない。むしろ、政治過程の様々な側面において、一次元的権力の作用を説明する理論の解説がほとんどである。政治の現状を分析する政治学が、相対的に観察しやすい権力の作用に注目するのは、ある意味では仕方がない。だが、それは同時に、より強力な権力の働きを素通りしてしまうことを意味する。

これに対して、フェミニズム運動による男性支配の告発は、二次元的権力や三次元的権力に対する抵抗の試みであるといえよう。かつてであれば、多くの男性はもちろん、少なからぬ女性も、家庭や会社における男性支配を当たり前のこととして受け入れていた。その一方で、今日の世の中では、男性支配と女性の抑圧の現場に居合わせた女性や男性の中にも、それを政治による解決の必要な社会問題だと認識する人が増えている。こうして三次元的権力が打破されれば、争いの舞台は二次元的権力へと移行する。仮にジェンダーが主要な政治争点としては確立していないとしても、男女の不平等に対する広範な不満が存在すること自体は、今や誰にも否定できまい。

投票のパラドックスと争点の意義

しかし、社会問題が政治争点となることは、何を変えるのか。争点の重要性を理解するには、投票の仕組みを知っておく必要がある。その仕組みは、単純に見えて、奥が深い。とりわけ、多数決という、誰もが知っている仕組みは、次のような問題を抱えている。

【投票のパラドックス】

仮にA・B・Cの三人が、財政政策をめぐって投票を行うとする。選択肢は、財政赤字を許容する「財政赤字」、増税によって財政再建を目指す「増税」、支出の削減によって財政再建を目指す「支出削減」の三つである。三人の個人的な優先順位は、以下の通りとする。

	一位	二位	三位
A	財政赤字	増税	支出削減
B	支出削減	財政赤字	増税
C	増税	支出削減	財政赤字

全体の優先順位を決めるため、選択肢を二つずつ選び、それぞれのペアに関して多数決を行う。まず、増税と財政赤字のどちらを選ぶかについて多数決を行うと、AとBの賛成多数で財政赤字が選ばれる。次に、財政赤字と支出削減のどちらを選ぶかについて多数決

を行うと、ＢとＣの賛成多数で支出削減が選ばれる。最後に、支出削減と増税のどちらを選ぶかについて多数決を行うと、ＡとＣの賛成多数で増税が選ばれる。このように、ある選択肢のペアに関する多数決の結果は、常に別のペアに関する多数決の結果によって覆される。つまり、それぞれの個人にとっての優先順位が決まっていても、社会全体としての優先順位は決めることができない。

この問題は、一八世紀フランスの数学者の名前を取って「コンドルセのパラドックス」とも呼ばれる。知的なパズルとして面白いだけでなく、政治学の問題としても興味深い。なぜなら、それは社会の多数派が確たる形では存在しないということを示すことを通じて、多数決に根本的な問題を突き付けているからである。争点が何であるかによって、従来の敵味方の構図はがらりと変わる以上、どのような意思決定も、常に覆され続ける。そして、何を多数決の争点とするかを多数決で決めようとすれば、同じ問題が生じる。

標準的な政治学の教科書では、政治制度や組織の機能を説明する際、このような投票のパラドックスを防ぐ側面が強調されてきた。例えば、議会における委員会制度のように、本会議で多数決の対象とする議題をコントロールする制度は、あらかじめ争点の範囲を絞り込み、投票のパラドックスが生じるのを防ぐ。あるいは、政党のような組織は、党の所属議員に対して党議拘束をかけることで、議員が一致協力して投票できるようにしている。こうして、政治に秩序が生まれると考えるのである。

しかし、このような解説は、現状の政治秩序に対して肯定的な立場からの発想である点に注意しておきたい。本来、投票のパラドックスという考え方には、一見すると多数派の支配が行われている社会で、何らかの「独裁者」が争点を操作していることを示唆する意味もあった。フェミニズム運動のように、男性支配に対する異議申し立てを行い、現状を覆すことを目的にする立場から見れば、争点の範囲を限定する政治制度は、男性支配を維持する役割を果たしているのである。

公私二元論批判とジェンダーの再編成

それでは、ジェンダーが争点化されると、何が変わるのか。この問題について考える上で、「公私二元論」と呼ばれている問題に簡単に触れておきたい。

公私二元論とは、人間の活動の場を「公的領域」と「私的領域」に分ける考え方を指す。この考え方に従えば、公的領域における活動は、政治的な意思決定を通じた権力行使の対象となるのに対して、私的領域における活動は、政治的な介入の対象から除外される。自由主義を中心とする近代の政治思想は、この両者を分けることで、国家権力の介入できない領域を確保し、個人の自由を守ることを目指したとされる。

だがフェミニズムは、この公私区分が女性の抑圧を生んできたと批判する。なぜなら、この公私区分は、実際には男性と女性の性別役割分業と対応していたからである。すなわち、男性は公的領域において政治活動と経済活動を担い、女性は私的領域である家庭に閉じ込められる。女性が男性による家庭内暴力にさらされても、それは政治の争点にはならない。ケア労働を担う女性は、自律した主体とはみなされず、二級市民として扱われる。その意味において、公私二元論が守っているのは、男性の自由にすぎないのではないか。このような疑問に基づく異議申し立ては、「個人的なことは政治的である」という有名なスローガンに要約されている。女性が自らの私的な悩みだと考えているものは、実は本来、政治共同体全体で取り組むべき問題なのである。

これまで、この公私二元論批判は、政治学の教科書では主として規範的な政治理論に関する問題として扱われてきた。だが、現実の政治においても、公私二元論批判は大規模な政治変動を生み出している。一九六〇年代以前、先進諸国の女性は、右派政党に投票する傾向が強かった。この傾向は、女性が男性よりも労働参加率が低かったために左派政党の重視する労働問題への関心が低く、むしろ右派政党の重視する伝統的価値観を尊重する傾向が強かったことに由来する。これに対して、一九八〇年代以降、女性はむしろ左派政党に投票するようになる。その原因は、女性の労働参加とフェミニズム運動の影響で、雇用の機会均等、リプロダクティブ・ヘルス／ライツ、福祉政策といった争点の重要性が浮上したことにある。

この現象を、ピッパ・ノリスとロナルド・イングルハートは、ジェンダーの再編成(gender realignment)と呼んでいる。従来は私的領域とされてきた家庭に関わる問題が争点化されたことで、選挙という、最も大規模な形で行われる多数決の結果が変化したのである。

メディアの変容と #MeToo

社会問題が争点化する際に重要な役割を果たす主体としては、政治制度を運営する政治家や官僚以外に、新聞やテレビなどのマスメディアの存在を欠かすことはできない。その効果に関する学説の動向については、次のように整理されることが多い。

【マスメディアと世論】
政治に関わる市民の意見の集合を、世論と呼ぶ。マスメディアの世論に対する影響には、二つの側面がある。まず、マスメディアの報道が政治争点に対する有権者の意見を変化させることは少ないとされる(限定効果論)。これに対して、マスメディアの影響力は、特定の争点への注目を集めるアジェンダ設定機能や、ある問題を特定の角度から切り取るフレーミング効果などを通じて発揮されるという見解がある（強力効果論）。

この議論をジェンダーの視点から見た場合、男女の不平等が長く政治の争点となってこなかったことの原因の一つは、マスメディアがアジェンダ設定を行ってこなかったことにあると考えられる。新聞の世論調査では、ジャーナリストが重要だと考える争点に関する質問が行われるが、これまでジャーナリストの多くが男性だったこともあってか、男女の不平等に関する質問項目が登場するのは遅かった。試みに、『毎日新聞』が一九四五年以降に実施したすべての世論調査を収録する「毎日ヨロンサーチ」を検索すると、女性の政治参加に関する質問項目は、土井たか子が社会党の委員長に就任した直後の一九八六年一一月二九日の調査まで、一度も登場していない。

このようなマスメディアの性質を考える時、男女の不平等を争点化させる上では、本というメディアが大きな役割を果たしてきた。中でも、アメリカにおける主婦の不満を描いたベティ・フリーダンの『新しい女性の創造』（一九六三年）は、幅広い読者を獲得し、第二波フェミニズムの起点となったことで知られる。日本では一九八〇年代以降、上野千鶴子の著作がたびたびベストセラー・リストの上位に入り、フェミニズムの認知度を大きく向上させた。近年でも、アメリカではシェリル・サンドバーグの『ＬＥＡＮ　ＩＮ』（二〇一三年）、韓国ではチョ・ナムジュの『82年生まれ、キム・ジヨン』(二〇一六年)が記録的なベストセラーとなり、日本でも話題となった。これらの本は、多くの女性の共感を呼んだだけでなく、少なからぬ男性にも男女の不平等に注意を向けさせた。

その一方で、一九九〇年代のインターネットの登場は、伝統的なマスメディアの権力を揺るがしたといわれる。特に、フェイスブックやツイッターなどのソーシャル・ネットワーキング・サービス(SNS)を中心とするソーシャルメディアの隆盛は、従来の「一対多」のブロードキャスト型のコミュニケーションに代わって、「多対多」のネットワーク型のコミュニケーションの役割を増大させた。このような変化の帰結については、人々が自由に話し合うことのできる公共圏がインターネット上に成立するのではないかと期待する楽観論もあれば、人々が自分に都合の良い情報だけを集める「エコーチェンバー現象」を通じて社会の分断が深まることを懸念する悲観論もある。

インターネットが公共圏を生み出したかどうかはともかく、それがジェンダーの争点化を後押ししたのは間違いない。仮に新聞やテレビが男性の手に握られていたとしても、インターネットでは女性も情報を発信できるからである。その最も鮮やかな例は、近年の #MeToo 運動の国際的な広がりであろう。元々、「私も」を意味する「Me Too」という表現は、二〇〇六年にアメリカの市民運動家タラナ・バークが性暴力被害者の支援の一環として考案したスローガンだったが、この段階ではアメリカにおいても性暴力やセクシュアル・ハラスメントは今日のようには重大な社会問題としては認識されていなかった。二〇一七年、ハリウッド映画界における性被害の告発を契機に問題の認識が広がり、SNS上で「#MeToo」というハッシュタグをつけたメッセージを通じて、それまで泣き寝入りしていた被害者たちによる告発の動きが相次いだ。この #MeToo 運動の影響は、日本では今のところ限られているものの、韓国では検察庁における被害者の告発を中心に抗議行動が広がり、国会でも性被害への対応は大きな争点となった。

本章で見てきたように、ジェンダーの視点は、政治に対する見方を大きく変える。標準的な教科書では、政治体制の変動、政治家の立法活動、有権者の投票行動など、政治の様々な過程を説明する学説が解説されている。だが、公的領域を男性が占有し、女性を排除してきたというフェミニズムの批判を真剣に受け止めるならば、これらすべての過程において、何らかの形で男性支配を生み出す力学が働いてきたと考えなければならない。ジェンダーの視点は、ただ女性の存在に光を当てるだけでなく、女性を政治から排除する権力への注意を促し、あらゆる学説の見直しを要請するのである。

第2章　「民主主義」の定義を考え直す

1　女性のいない民主主義

「世界は、民主主義にとって安全にならなければならない」

一九一七年四月二日、アメリカ大統領ウッドロー・ウィルソンは、連邦議会の上下両院の合同会議に出席していた。目的は、第一次世界大戦に協商国側で参戦するべく、ドイツへの宣戦布告を議会に提案するためである。

それまで、アメリカは孤立主義の国であった。なぜ、アメリカの兵士たちがヨーロッパの戦争で血を流さなければならないのか。その理由を説明する上で、ウィルソンは次のように論じた。アメリカは、民主主義の国であり、ドイツのような権威主義体制とは共存することができない。だから、武力を行使してでも、その脅威を取り除き、皇帝ヴィルヘルム二世の支配からドイツ国民を解放しなければならない。「世界は、民主主義にとって安全にならなければならない」。四月六日、上下両院の決議を受けて、アメリカはドイツに宣戦を布告した。翌一九一八年春、ヨーロッパ西部戦線にアメリカ軍が到着すると、戦局は一気に協商国側に有利に傾き、一一月にはドイツの降伏で戦争が終わった。

この連邦議会でのウィルソンのスピーチは、彼の理想主義者としての側面を描くものとして広く知られてきた。だが、ウィルソンのスピーチに登場する「民主主義」という言葉が何を意味するのかを考えてみると、あることに気づく。それは、ウィルソンの言う民主主義に、女性が含まれていないということである。

一九一七年の時点で、アメリカではいまだ連邦レベルの女性参政権が導入されていなかった。この時代、一部の州では女性参政権が導入され、全米女性参政権協会（ＮＡＷＳＡ）を中心とする女性参政権獲得運動がかつてない盛り上がりを見せていたものの、ウィルソンは与党民主党内の保守派の反発を考慮して、連邦レベルでの女性参政権の導入に慎重な姿勢を崩さなかった。彼は、第一次世界大戦に参戦するという重要な案件を控える中で、議会と事を構えたくはなかったのである。

この局面で、ウィルソンの態度に業を煮やしたフェミニストたちが行動に打って出た。アリス・ポールの率いる全米女性党（ＮＷＰ）が、「サイレント・センティネル」と呼ばれる活動家グループを組織し、一九一七年一月からホワイトハウスの正面玄関で抗議活動を開始したのである。活動家たちは様々な旗を掲げてウィルソンに女性参政権の導入を訴えたが、アメリカがドイツに宣戦布告すると、次のようなメッセージが書かれた旗も登場した。

ウィルソン皇帝陛下。自己統治の権利を持たない、哀れなドイツ国民に示された衷心を、もう忘れてしまわれたのですか。アメリカの二〇〇〇万人の女性たちは、いまだに自己統治の権利を持っておりません。

抗議活動が続く中、徐々に活動家たちが逮捕されるようになり、一〇月にはポールも逮捕された。ウィルソンが従来の立場を改め、女性参政権の導入に向けて連邦議会の説得に踏み切ったのは、投獄されたポールがハンガー・ストライキを開始し、医師団による強制摂食が行われたことにショックを受けた結果であると言われている。議会下院は一九一八年には女性参政権を認める憲法修正案を可決したが、上院が説得に応じたのは戦後の一九一九年であった。合衆国憲法修正第一九条が全州の四分の三に当たる三六州の批准に基づいて発効し、女性参政権が正式に導入されるのは、一九二〇年である。

ウィルソンに限らず、多くの人は、女性参政権が認められる以前から、アメリカを民主主義の国と呼んできた。だが、フェミニストたちの批判に向き合うならば、この言葉遣いには注意が必要だろう。なぜ、女性が排除された政治体制が、民主主義と呼ばれてきたのか。より男女平等な政治体制としての民主主義は、いかなる体制なのか。この章では、こうした問題について考えていく。

現代の民主主義概念

ウィルソンがアメリカの民主主義をドイツの権威主義と対比していることは、民主主義という言葉の意味を考える上で、興味深い論点を提起している。というのも、当時のドイツの政治体制は、いくつかの点でアメリカとの共通点を持っていたからである。

まず、アメリカでは一九世紀前半の時点で白人男性による普通選挙が行われていたが、ドイツ帝国も一八七一年の成立当初から、下院に当たる帝国議会には男子普通選挙を導入しており、人種に基づいて選挙権を制限していたアメリカよりも有権者の範囲は広かった。

また、アメリカは早くから複数政党制が発達し、南北戦争後には共和党と民主党による二大政党制が確立したが、複数政党制はドイツでも発達しており、反体制派であるはずのドイツ社会民主党は一九一二年の帝国議会選挙で約三五％の得票率で第一党となっていた。

それにもかかわらず、ウィルソンにとって、アメリカは民主主義国であり、ドイツがそうではなかったのはなぜなのか。この問題に対する回答こそが、現代の政治学における民主主義の概念の出発点になっていると言っていい。それは、次のような考え方である。

【民主主義の最小定義】
政治指導者がどのように選抜されるかを定める政治制度を、政治体制と呼ぶ。民主主義とは、政治指導者が競争的な選挙を通じて選ばれる政治体制を指す。これに対して、競争的な選挙が行われない国を、権威主義体制あるいは独裁体制と呼ぶ。

この民主主義の定義は、ヨーゼフ・シュンペーターの『資本主義・社会主義・民主主義』(一九四二年)において定式化され、政治学に絶大な影響を及ぼしてきた。民主主義の必要最小限の条件を示しているという意味で、この定義は「民主主義の最小定義」と呼ばれることもある。権力者が、選挙に敗北して退場する可能性があるかどうか。ある国が民主主義国であるかを判定する基準は、それだけである。選挙を通じた政権交代を可能にするような、結社の自由や言論の自由が保障されていれば、その国は民主主義国として分類される。

シュンペーターの議論は、民主主義体制を権威主義体制から区別する上で、非常に使い勝手が良い。例えば、日本の国政選挙ではほとんど常に自民党が勝つものの、一九九三年や二〇〇九年の総選挙に見られるように、野党が政権を奪取することもある。台湾では国民党と民進党の間で政権交代が繰り返されており、韓国でも保守系と進歩系の政党の間で周期的に政権交代が起きている。これに対して、中国の中国共産党やシンガポールの人民行動党は、政権を掌握して以来、一度も野党に転落したことがない。この区別に従えば、日本、台湾、韓国は民主主義体制であり、中国とシンガポールは権威主義体制である。

この考え方を頭に入れれば、ウィルソンのスピーチの意味が分かる。アメリカでは民主党と共和党のどちらの政党の候補者も大統領に選出されうるのに対して、ドイツでは帝国議会選挙の結果がどうなっても、皇帝や宰相が代わるわけではない。それが、アメリカを民主主義国、ドイツを権威主義国に分類する基準となる。逆に言えば、この民主主義の定義に従う限り、女性が参政権を認められているかどうかは、その国の政治体制を分類する上では関係がない。だからこそ、ウィルソンはフェミニストたちの非難を浴びることになったのである。

民主主義の意味の変容

より広い角度から見れば、このシュンペーターの議論は、民主主義という言葉の意味を大きく転換するものであった。元々、古代ギリシャで生まれた民主主義という言葉は、「人民の支配」を意味していた。そして、その後の政治学の歴史において、一人の君主が統治する王政や、少数のエリートが支配する貴族政などの概念と対比して用いられてきた。これに対して、シュンペーターの民主主義の定義には、誰が支配者であるのかを示す表現は含まれていない。

ここには、現代の民主主義の仕組みに対する冷徹な見方が表れているといえよう。その民主主義は、古代ギリシャの都市国家が採用していたような直接民主主義ではなく、代議制民主主義である。有権者は、国会議員や大統領を選ぶ時以外に、自らの意見を表明し、意思決定に関わる機会は基本的にない。実際に支配をしているのは、政治家であって、市民ではない。ウィルソンの時代には世論調査が技術的に確立しておらず、選挙の時点を除けば、政治家が自らの政策について有権者の賛否を具体的な数字で知る方法が存在しなかった。つまり、一見すると似ているように見える直接民主主義と代議制民主主義は、実は全く異なる作動原理に基づいている。アメリカやイギリスといった「民主主義国」にシュンペーターが見出したのは、「人民の支配」ではなく、選挙を通じた「エリートの競争」だったのである。

しかし、ジェンダーの視点から見れば、疑問も浮かぶ。人口の半分に参政権を認めない国の政治体制が、なぜ民主主義と呼ぶに値するのか。シュンペーターは、民主主義の国と呼ばれるアメリカで行われている政治の仕組みに合わせて、民主主義を定義し直しているにすぎないのではないか。それは、黒を白と言い換えているようなものだ。むしろ、アメリカは民主主義国と呼ぶには値しないと言い切ってしまった方が、民主主義を定義する上では価値があるのではないか。

「ポリアーキー」としての民主主義

シュンペーターの民主主義概念に対する批判を真剣に受け止めるのであれば、議論のアプローチを変える必要があろう。つまり、アメリカの体制を民主主義として定義した上で、そこから民主主義の特徴を抽出するのではなく、民主主義を先に定義し、その定義に基づいてアメリカの政治体制が民主的であるかどうかを判断するのである。このようなアプローチを取るものとしては、次の学説が名高い。

【ポリアーキー】

民主主義とは、市民の意見が平等に政策に反映される政治体制を指す。今日の世界における様々な政治体制の中で、相対的に民主主義体制に近いものを、ポリアーキー(polyarchy)と呼ぶ。ポリアーキーは、普通選挙権を付与する「参加」と、複数政党による競争的な選挙を認める「異議申し立て」という二つの要素から構成されている。異議申し立ての機会はあっても幅広い参加を認めない体制を、競争的寡頭制と呼ぶ。逆に、参加を認めても異議申し立ての機会を欠く政治体制を、包括的抑圧体制と呼ぶ。

ロバート・ダールの『ポリアーキー』(一九七一年)は、おおむねこのように語る。ポリアーキーとは、「複数の支配」を意味する造語であり、民主主義とは区別された概念である。シュンペーターの方法と比べると、ダールの方法は概念と現実の関係が逆になっていることが分かるだろう。ここでは、民主主義がアメリカやイギリスの政治体制とは独立に定義されている。そして、シュンペーターとは異なり、普通選挙が民主主義の構成要素となっている。

ポリアーキーが二つの要素から構成される概念である以上、そこに向かう道も二つある。

第一は、競争的寡頭制の下で選挙権が拡大される「包括化」である。イギリスでは、一八三二年の第一回選挙法改正によって都市中産階級の男性に選挙権が拡大されたのを皮切りに、一九一八年まで段階的に財産制限が撤廃されていった。そして、一九一八年には女性参政権も部分的に解禁され、一九二八年には全成人に選挙権が与えられた。アメリカでは、建国後の早い時期から白人男性に普通選挙権が与えられており、一九二〇年に女性参政権が、一九六〇年代にはアフリカ系市民の選挙権が認められた。

第二は、包括的抑圧体制の下で、政党間競争が許容される「自由化」である。旧ソ連を中心とする冷戦下の共産主義圏や、軍事独裁体制下のラテンアメリカ諸国、アジア・アフリカの旧植民地諸国など、先に普通選挙権を導入していた国々は、一九八〇年代から政党間競争を自由化していった。

日本は、包括化と自由化が同時に進行した事例に当たる。すなわち、一八九〇年の帝国議会開設時点では直接国税一五円以上を納めた満二五歳以上の男性に選挙権が与えられていたが、徐々に納税要件が撤廃され、一九二五年には満二五歳以上の男性に普通選挙権が与えられた。他方、一八八五年に創設された内閣制度の下で、当初は帝国議会選挙の結果ではなく元老の協議に従って天皇が内閣総理大臣を任命していたのが、一九一八年には立憲政友会の原敬首相の下で初の本格的な政党内閣が成立した。一九二四年の護憲三派内閣からは、衆議院第一党の党首を首相に任命し、その政権が倒れた後には野党第一党に政権を交代する「憲政の常道」が慣行として成立する。この大正デモクラシーの時代は一九三〇年代には軍国主義体制の成立によって終焉するものの、一九四五年の敗戦を契機に政党間競争が自由化され、女性参政権が認められた。この段階で、日本はポリアーキーとなった。

ダールの政治体制の分類は、シュンペーターの分類に比べれば、女性参政権をポリアーキーの最低条件とする点で、相対的にはジェンダーの視点を有している。ポリアーキーが民主主義そのものではないのだとすれば、一九一七年のアメリカのような女性参政権を欠く体制は、ポリアーキーにすら達していない以上、なおさら民主主義と呼ぶには値しないであろう。

それでは、ポリアーキーは、どれほど民主的なのだろうか。どれほど平等に、男性と女性の意見を政策に反映するのだろうか。この問題について考えると、新たな問いに突き当たる。

表2-1　ポリアーキーと包括的抑圧体制における女性議員の割合(1971年)

ポリアーキー		包括的抑圧体制	
国　名	女性議員	国　名	女性議員
ベルギー	2.8(%)	アルバニア	27.2(%)
デンマーク	17.3	ブルガリア	18.8
フィンランド	16.5	東ドイツ	31.8
ルクセンブルク	3.6	モンゴル	21.9
オランダ	8.0	ルーマニア	14.4
ノルウェー	9.3	北ベトナム	29.8
スウェーデン	14.0		

出典：V-Dem Version 9 およびダール(1981)，268–271 頁より筆者作成．

女性のいないポリアーキー

ダールの時代、ポリアーキーの下で行われる選挙には、ある顕著な特色があった。その当選者は、ほとんどが男性だったのである。

表2-1には、ダールの『ポリアーキー』で取り上げられている国の中から代表的なポリアーキーと包括的抑圧体制を選び出し、それらの国における女性議員の割合を示している。具体的には、普通選挙権を導入している国の中で、異議申し立ての機会が最大の国々と、最小の国々を選び、一九七一年時点での議会下院における女性議員の割合を集計した。

この表を見ると、ポリアーキーにおける女性議員の割合は、包括的抑圧体制における女性議員の割合に比べて、全般的に低い。何の説明も受けずにこの表を見た人は、ポリアーキーは「男性政治家が支配する政治体制」であると感じてしまっても不思議ではない。

つまり、ポリアーキーによって実現されるのは、せいぜい男性にとっての政治的平等である。ところが、『ポリアーキー』において、この問題への言及は全く行われていない。その理由としては、ダールの時代には今日のように各国の女性議員の割合を一覧できる資料が存在しなかったという事情もあるだろう。だが、権力を握るのが男性であることは、少なくとも当時の男性にとっては当たり前だったということもあるのかもしれない。

ここに、ダールのポリアーキー概念が、シュンペーターの民主主義の最小定義と共有する特徴が見えてくる。その特徴とは、政治指導者の答責性(accountability)を重視していることにある。答責性とは、政治指導者の失政の責任を問えることを意味する。独裁体制の下では、選挙を通じて指導者が責任を問われることがないため、望ましくない政策を選択することに対する歯止めが弱い。競争的な選挙には、権力の暴走を抑制する機能が期待されているのである。

一方で、ポリアーキーという概念は、シュンペーターの民主主義の最小定義と同じく、非常に重要な要素を欠いている。それは、代表(representation)という要素である。今日の民主主義が代議制民主主義(representative democracy)と呼ばれていることは、政治家が有権者を何らかの意味で代表していることを連想させる。ところが興味深いことに、この言葉は、シュンペーターの民主主義の定義にも、ダールのポリアーキーの定義にも含まれていない。その理由を考えるには、代表という言葉の意味に留意しておく必要がある。

2　代表とは何か

代表の意味

例えば、「政治家が、自分の支持者を代表している」という文の意味を考えてみよう。まず思い浮かぶのは、「政治家が、自身に投票した有権者の意見に従って立法活動を行っている」という意味ではないだろうか。政治家が、この意味で有権者を代表する場合、左派的な有権者の多い選挙区から選出された議員は左派的な政策を掲げ、右派的な有権者の多い選挙区から選出された議員は右派的な政策を掲げるだろう。この考え方を議会全体に当てはめれば、有権者の間の意見の分布が、国会議員の間の意見の分布と重なっているかどうかが政治体制の特徴を判断する上での重要な基準となるに違いない。このような意味での代表を、一般に実質的代表(substantive representation)と呼ぶ。

シュンペーターの民主主義の概念の特徴は、こうした形での実質的代表が不可能であるという認識の下、代表という考え方そのものを端的に民主主義の定義から取り除いたことにある。そして、その態度は、ダールのポリアーキー概念にも継承されている。ポリアーキーがポリアーキーである所以は、あくまで普通選挙が競争的に行われていることにある。仮に有権者の意見が立法に反映されるとしても、そのことはポリアーキーの帰結であって、定義そのものではない。

以上のような実質的代表の考え方に対して、「その政治家が、自らの支持者の社会的な属性と同じ属性を持っている」という意味での代表の概念がある。政治家が、この意味で有権者を代表するのであれば、経営者が経営者を、労働者が労働者を代表し、民族的多数派が民族的多数派を、民族的少数派が民族的少数派を代表する。そして男性が男性を、女性が女性を代表するであろう。代表性の確保された議会とは、議会の構成が、階級、ジェンダー、民族などの要素に照らして、社会の人口構成がきちんと反映されている議会である。このような意味での代表を、描写的代表(descriptive representation)と呼ぶ。

この描写的代表も、シュンペーターやダールの議論においては、重視されてこなかった。一つには、政治家は何らかの意味で有権者に比べて高い能力を期待される以上、選挙による指導者の選抜を、描写的代表と両立させることには限界がある。また、競争的な選挙が行われるということ自体が、描写的代表の確保とは必ずしも両立しない。こうした事情もあってか、このような代表の概念をめぐる対立は、従来の多くの政治学の教科書には記されてこなかった。

理念の政治から存在の政治へ

だが、ジェンダーの視点から見た場合、描写的代表が確保されることは政治において決定的に重要な役割を果たす。男性ばかりが議席を占める議会は、女性を代表することはできない。女性を適切に代表するには、一定以上の数の女性議員が必要であろう。アン・フィリップスは『存在の政治』(一九九五年)の中で、こうした考え方に基づく政治を、存在の政治(politics of presence)と呼んでいる。有権者が自分の好む公約を掲げる政党に票を投じ、政党がその公約に従って政策を実行するという意味での理念の政治(politics of ideas)では、不十分なのである。

なぜ、存在の政治が必要なのか。それは、描写的代表なくして、実質的代表を確保することができないからである。第一に、選挙戦において政党間で争点となるのは、様々な政策争点の中のごく一部にすぎない。それ以外の争点に関する意思決定については、政治家が幅広い裁量を行使することになる。その場合、女性にとっては、同じ経験を共有する女性政治家の方が、男性政治家に比べて、自分の意見をよりよく反映すると想定できる。

第二に、それまで争点化していない問題を争点化できるのも、女性の経験を共有する女性政治家が存在するからこそである。女性の多くが関心を持つ問題は、男性が関心を持ちやすい争点の陰に隠れて、長らく政治の争点から外されてきた。従来は隠れていた争点が浮上することで、女性の意見も、男性の意見と同じように、政治に反映されるだろう。この描写的代表と実質的代表の因果関係についてのフィリップスの仮説は、今日まで数多くの研究を生み出してきた。

このように考えれば、代表者の男女比が均等に近いほど、その政治体制は民主的であると考えられる。女性が多すぎても、男性が多すぎても、その政治体制は民主的であるとはいえない。ジェンダーの視点から眺めることで、代議制民主主義を標榜する既存の政治体制に対する評価も、従来とは大きく異なってくる。

女性参政権と女性議員

政治学において、男性による支配は、長らく当たり前のこととして受け止められてきた。市民全員の参加に基づく直接民主主義が行われていた古代ギリシャの都市国家では、女性には市民権がなく、したがって意思決定への参加が認められていなかった。代議制民主主義が生まれたヨーロッパでも、参政権は長らく男性の手に握られ、女性はそこから排除されてきた。

その後、女性参政権の獲得が明らかにしたのは、ポリアーキーの下でも政治の男性支配は続くという事実であった。たとえ選挙権が男性と女性の両方に与えられていても、政治家を選ぶ際には、男性の候補者が選出される。つまり、選挙権の獲得は、男女平等な民主主義のための必要条件ではあっても、十分条件ではないのである。そのことは、普通選挙権を獲得したフェ

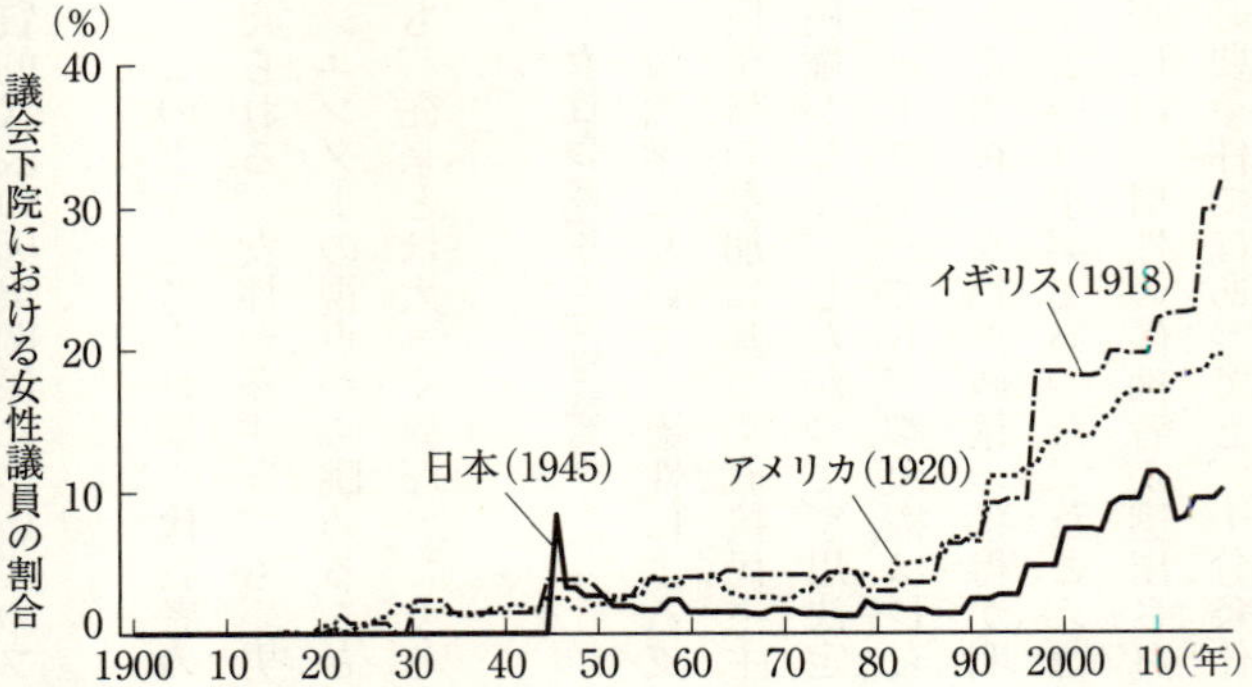

注：(　)は女性参政権の導入年.
出典：V-Dem Version 9 より筆者作成.

図 2-1　女性参政権の導入と女性議員の割合

ミニストたちに大いなる失望を味わわせることになった。

この点を、グラフで視覚的に確認しておこう。図2-1には、日本、イギリス、アメリカの三カ国で女性参政権の導入された年と、議会下院における女性議員の割合の推移を示している。

アメリカでは、女性参政権が導入された一九二〇年から第二次世界大戦後まで女性議員はほとんど誕生せず、その後も一九八〇年代まで女性議員比率は五％程度で推移した。イギリスでは、一九一八年の第四回選挙法改正で男子普通選挙に合わせて女性参政権を部分的に解禁し、一九二八年に男女平等な選挙権が実現したものの、やはり一九八〇年代まで女性議員の割合は五％程度にとどまった。

日本の場合、一九四五年に女性参政権が導入され、翌年の総選挙では公職追放で多くの現職議員が姿を消したこともあって、三九人の女性議員が当選して議席の八・四％を占めたものの、それ以降女性議員は急速に姿を消し、一九九〇年頃までほとんど伸びを見せなかった。今日でも、衆議院における女性議員の割合は一九四六年とそれほど変わらない。

自由化の帰結

標準的な政治学の教科書において、政治的競争の自由化を通じたポリアーキーの成立は、政治的自由が保障されるという意味で、望ましい帰結をもたらすと考えられている。しかし、ジェンダーの視点から見れば、その評価は一概には言えない。なぜなら、自由化が女性の代表性の向上につながるかどうかは、新たに参入する政治勢力が旧来の支配者層に比べて強い男女平等志向を持っているかどうかに依存するからである。

確かに、男性の支配する政治体制が自由化され、男女平等の理念を掲げる勢力が参入した場合、自由化は女性の進出をもたらすだろう。韓国の場合、民主化以前は女性議員がほとんどいなかったのに対して、一九八七年の民主化後には女性運動が各政党に女性の代表性の向上を訴え、二〇〇〇年代からは国会議員の女性比率が日本の衆議院を持続的に上回っている。台湾の場合、国民党の一党支配の下で一定数の女性が立法院に立法委員として議席を得ていたが、一

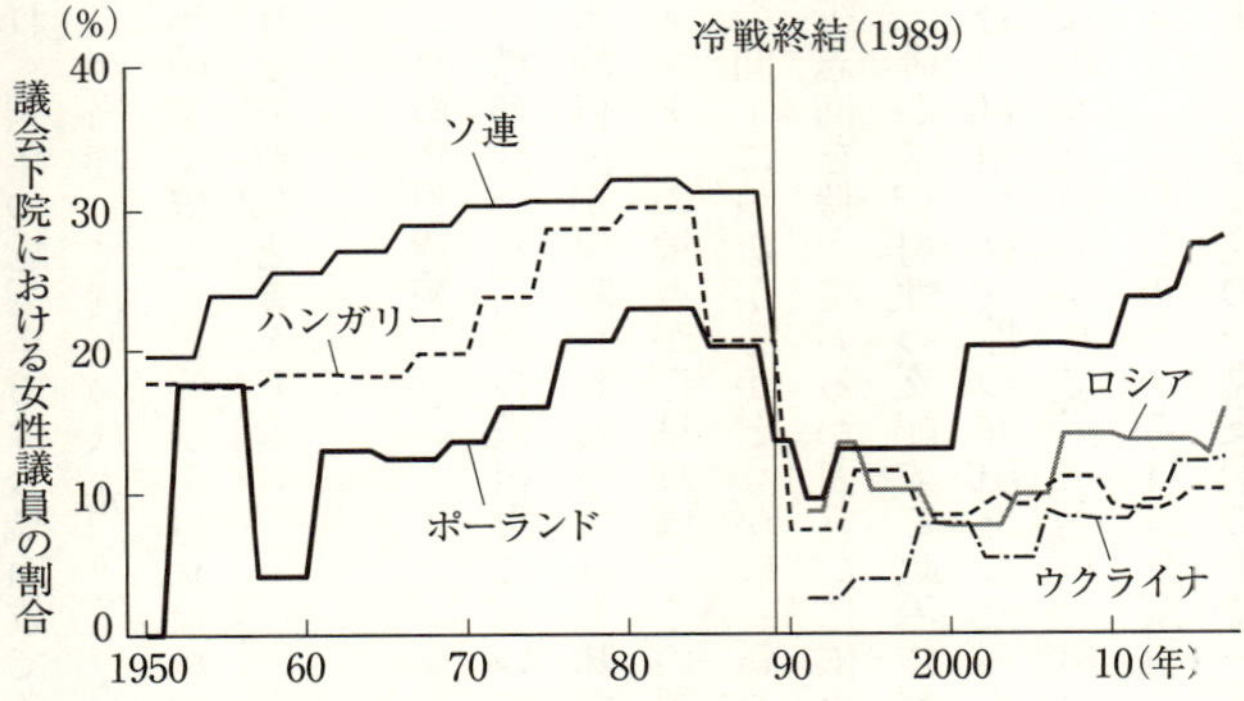

出典：V-Dem Version 9 より筆者作成.

図 2-2　旧共産圏の自由化と女性議員の割合

九九〇年代に政治体制の自由化が進む中で野党の民進党が女性運動と連携したことで、女性議員の起用が急速に進んだ。その結果、今日では議員の四割近くを女性が占めている。第4章で触れるように、これらの事例ではジェンダー・クオータが女性議員の増加を後押しした。

しかし、民主化後に参入した勢力が男性優位主義的な志向を持つ場合には、むしろ女性の退場が促進されてしまう。特に、中東欧の旧共産圏では、一九八九年のベルリンの壁の崩壊と冷戦終結を契機に、各国で共産党の一党支配が崩壊する中で、女性議員の割合が劇的に低下した。共産主義体制下での女性の社会進出への反動として、家庭における女性の役割を強調する価値観が広まる一方で、新たに登場した政党は軒並み男性の候補者を優先的に擁立した。図2-2では、ソ連とその崩壊後に成立したロシアとウクライナに加え、ポーランドとハンガリーにおける女性議員の割合の推移を示した。この図を見ると、どの国でも共産党の健在だった冷戦期には比較的多くの議席が女性に配分されていたのに対して、冷戦終結にともなう政治体制の自由化とともに女性議員の数が劇的に減少したことが分かる。

このように見てくると、ポリアーキーそれ自体は、女性を男性と平等に代表するには、それほど役立たないことが分かる。少なくとも、男性優位のジェンダー規範が働く環境の下では、政党間の自由競争は、事実上、男性の間の競争となる。それは、一切の競争を認めない独裁体制に比べれば民主的な政治体制であるのかもしれないが、市民の間の平等を旨とする民主主義の理想からは程遠い。

ジェンダーの視点から政治体制を見直すことは、これまで民主主義と呼ばれてきた政治体制の評価を大きく変える。そして、政治体制の歴史や民主主義の歴史を見直すきっかけを提供する。

3　民主化の歴史を振り返る

三つの波

様々な国の歴史を学ぶと、その政治体制が長い時間を経て大きく変化してきたことが分かる。例えば、日本で明治維新が起きた一八六八年頃の世界について考えてみよう。この時期、日本の近隣では、朝鮮王朝や清朝が健在であった。西洋諸国を見れば、イギリスでは、一八六七年の第二回選挙法改正によって、都市労働者の多くが選挙権を獲得したが、農村労働者は選挙権を与えられていなかった。フランスはナポレオン三世の第二帝政、ロシアはロマノフ朝の時代に当たる。ドイツ帝国はいまだ成立しておらず、イタリア王国は成立してわずか数年しか経っていない。アメリカでは、南北戦争が終わり、リンカーン大統領が暗殺され、南部の再建が始まったばかりである。そして、女性参政権を認めている国は一つもない。この一九世紀の世界と、多くの国がポリアーキーとなった今日の世界は、遠く隔たっているように見える。

それでは、世界的に見た場合、政治体制の民主化は、いつ頃から、どのように進行してきたのだろうか。民主主義体制の歴史を考える際には、次の学説が紹介されることが多い。

【民主化の三つの波】

サミュエル・ハンティントンの『第三の波』(一九九一年)によれば、これまでの世界史において、民主化の国際的な「波」は、三度起きた。第一の波は、一九世紀に広がり、第一次世界大戦で後退した。第二の波は、第二次世界大戦後に始まり、一九六〇年代に後退した。第三の波は、一九七〇年代半ばに始まり、世界中に広がった。一九九〇年代の旧共産圏の崩壊と、二〇一一年のアラブの春による中東の権威主義体制の動揺を経て、現在その揺り戻しが訪れつつあるのかどうかについては、今も議論が行われている。

ある時期は民主化が進み、別の時期には揺り戻しが起きる。この学説は、民主化が自然に進んでいくと考える素朴な楽観論を戒める上では、大変含蓄に富んでいるといえよう。また、一つの国の歴史を追いかけているだけでは見渡せないような広い視野を与えてくれる点においても、評価の高い学説である。だが、ここまでの本章の検討に従えば、民主主義という概念は取り扱いが大変難しい。ハンティントンのいう民主主義とは、一体何を指しているのか。三度にわたって広がり、後退した波とは、何の波なのだろうか。この議論の細部を検討していくと、ハンティントンの議論に潜む、思わぬ落とし穴が明らかとなる。

まず、民主化の始点を検討してみよう。ハンティントンによれば、民主化の第一の波は一八二八年のアメリカで始まった。民主主義の起源を一八世紀末のアメリカ独立革命やフランス革命に求める通俗的なイメージに慣れていると、このハンティントンの記述にはやや意外な感覚を覚えるかもしれない。この一八二八年とは、アメリカの大部分の州において白人男性の普通選挙が確立した、いわゆる「ジャクソニアン・デモクラシー」の年にあたる。この年が民主化の波の始点となるのは、それがハンティントンのいう民主主義の基準を初めて満たすケースだからである。その基準は、二つある。

① 成人男性の五〇%が選挙権を有していること。
② 執政部が議会の多数派の支持に基づいているか、定期的な選挙で選ばれていること。

この基準を満たす国の数を年代ごとに数えて集計していくと、歴史的に三つの波が現れる、というのがハンティントンの論理である。

ここで、違和感が生じる。民主主義をポリアーキーとして定義するならば、普通選挙権はその必須の条件であるはずだ。そうであれば、「成人男性の五〇%」という基準①は、いかにも中途半端に見える。なぜ、「すべての成人」ではないのか。結局それは、アフリカ系アメリカ人と女性がいまだに選挙権を獲得していない一八二八年のアメリカを、最初の民主主義として分類するための基準なのではないか。そういった疑いが生じてしまう。
パメラ・パクストンは、このハンティントンの議論の問題点に早くから気づき、批判を展開してきた。彼女の批判に従えば、ハンティントンの「三つの波」は、女性参政権を除外した政治体制の分類に基づいている。そのことは、民主化の歴史の見え方を大きく歪めてきた可能性が高い。

表2-2　女性参政権の先発国

導入年	国　名
1893	ニュージーランド
1902	オーストラリア
1906	フィンランド
1913	ノルウェー
1915	デンマーク，アイスランド
1917	カナダ
1918	オーストリア，エストニア，ジョージア，ドイツ，アイルランド，キルギスタン，ラトビア，ポーランド，ロシア，イギリス
1919	ベルギー，ベラルーシ，ケニア，ルクセンブルク，オランダ，スウェーデン，ウクライナ

出典：Paxton and Hughes (2017)，52頁より筆者作成.

ここでは、女性参政権を考慮することで、具体的に何が変わるのかを見ておこう。表2-2には、アメリカが女性参政権を導入した一九二〇年よりも前に女性参政権を導入していた国の一覧が示されている。世界で最初に国政における女性の選挙権を認めたのは一八九三年のニュージーランドであり、女性の被選挙権を最初に認めたのは一九〇六年のフィンランドである。リストの上位にはイギリスの植民地やヨーロッパの小国が並び、欧米列強で最初に女性参政権を導入するのは第一次世界大戦中に革命で帝政が崩壊したロシアである。標準的な教科書で民主主義の先発国とされるフランスやスイスの名前は見えない。イギリスが一九一八年に導入した女性参政権には、男性よりも厳しい財産制限と年齢制限が設けられており、参政権が男性と同じ水準に達したのは一九二八年であった。フランスは一九四四年、スイスに至っては一九七一年まで女性参政権を導入していなかった。つまり、成人男性の過半数が早い時期に選挙権を獲得した国では、必ずしも女性が早い時期に選挙権を獲得できたわけではない。

もちろん、どのような民主主義の定義も、多かれ少なかれ恣意的な側面を持つ。重要なのは、それが誰の視点から見た民主主義であるのかを、明確にすることであろう。男性の選挙権を基準にした民主主義の歴史と、女性参政権も含めた民主主義の歴史は、おそらく違うパターンを描くに違いない。ハンティントンの民主主義の歴史は、いわば「白人男性の民主主義」の歴史である。他の視点から見た民主主義の歴史は、そこには表れない。

女性参政権を欠いた民主主義の指標

パクストンが指摘したようなハンティントンの議論の欠点は、実は政治学における民主化研究が抱える一般的な問題である。各国の政治体制がどれだけ民主的であるかを測定する作業は、

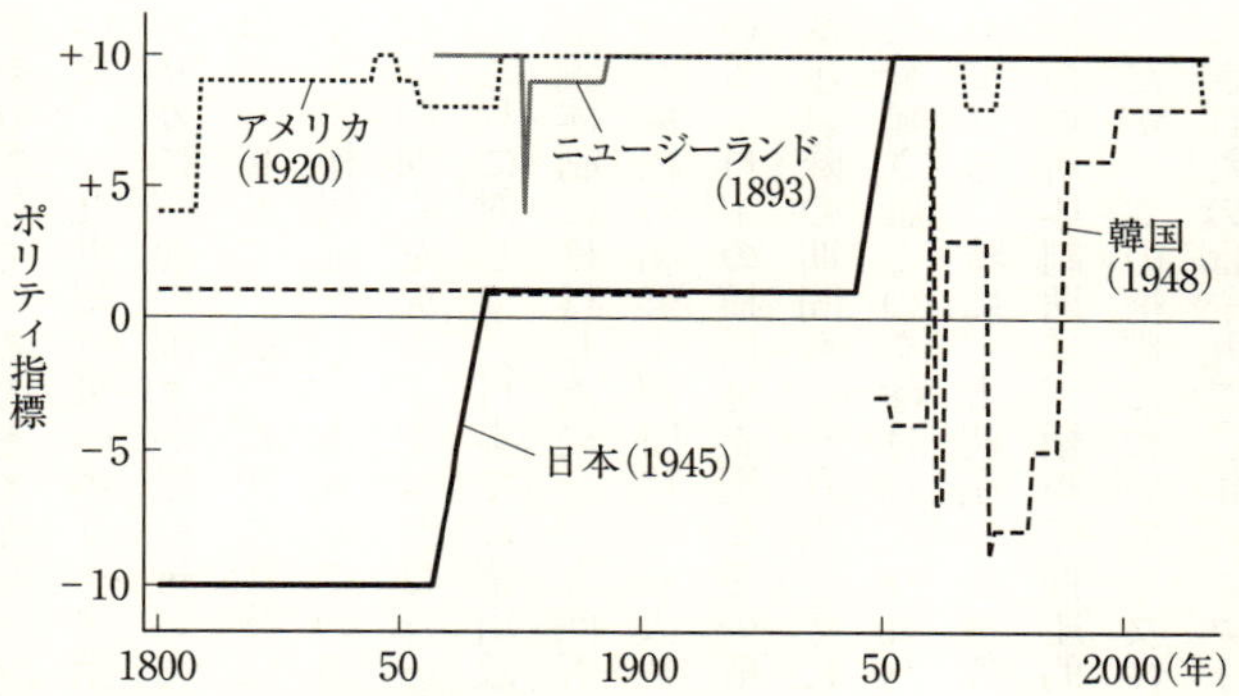

注：(　)は女性参政権の導入年.
出典：V-Dem Version 9 より筆者作成.

図 2-3　女性参政権の導入とポリティ指標

それまでも様々な研究者の手で行われてきた。その際、女性参政権を民主主義の基準から除外するのは、長らく通例となってきた。

様々な民主主義の指標の中でも、今日の政治学で最も広く用いられているのは、ポリティ指標(Polity Score)であろう。この指標は、指導者の選出方法の競争性や政治参加の開放性に関する五つの指標を合計し、一八〇〇年以降の世界各国の政治体制を、一年単位で-10から+10の二一段階に分類したものである。政治的競争と選挙権の範囲の両方に基づいて民主主義の度合いを測定するという意味で、この指標は一見するとダールのポリアーキーの概念とも通じるところがある。政治学者の間では、指標の値が+6以上の国を民主主義体制として分類する場合が多い。

それでは、この指標はどのように各国の政治体制を分類しているのだろうか。図2-3では、アメリカ、ニュージーランド、日本、韓国について、一九世紀以来のポリティ指標の推移を示した。この図には、民主主義の先発国であるアメリカに、他の国々が追い付いてきた歴史が描かれている。アメリカは、一九世紀の前半からほぼ一貫して、高度な民主国家に分類されており、ニュージーランドも、一九世紀半ばにイギリスの植民地として内政面での自治を認められて以来、一九〇七年の自治領への移行と一九四七年の独立を経て、やはりほぼ一貫して高度な民主国家に分類されている。

これに対して、日本では徳川政権期は-10の権威主義体制だったのが、明治維新後に+1の権威主義体制に移行した後、一九四五年の敗戦を機に+10の民主主義体制に分類されている。韓国は、一九世紀の朝鮮王朝時代から大韓帝国期までは明治政府と同程度の権威主義体制と見なされている。日本の植民地支配からの解放後に単独選挙によって大韓民国の政府が樹立された一九四八年以降の期間も、一九六〇年に李承晩政権を打倒した四月革命の際に一時的に+8の民主国家に分類されたのを除けば、一九八〇年代に民主化が行われるまでは権威主義体制として分類されている。特に、大統領の多選禁止規定が撤廃されて朴正熙の独裁が強化された一九七二年以後の維新体制期は、極めて抑圧的な体制として位置付けられていることが分かる。

だが、この指標において、女性参政権は全く考慮されていない。アメリカで女性参政権が導入されたのは一九二〇年、ニュージーランドでは一八九三年であったが、どちらの国も、それ以前からすでに+10の民主国家となっている。日本では一九四五年に政治体制が自由化されると同時に女性参政権が付与され、韓国では解放後の一九四八年の最初の選挙から女性参政権が認められているものの、それが指標に与えた影響を判別することはできない。

このようにポリティ指標に基づく民主主義の分類は、女性参政権を最低限の条件とするポリアーキーの概念とは大きく異なっている。ポリアーキーの概念そのものは政治学者の間でも広く受け入れられたが、それを実際に現実の事例に当てはめる際には、その精神は受け継がれなかったのである。

女性参政権を含む民主主義の指標

近年、従来よりもポリアーキーの定義に忠実な指標が作られている。「多様な民主主義(V-Dem)プロジェクト」は、数千人の各国政治の専門家へのアンケート調査に基づいて、一八〇〇年以降の世界各国の政治体制を評価する多数の指標を作成した。その中心的な指標であるポリアーキー指標(Polyarchy Index)は、選挙民主主義指標(Electoral Democracy Index)とも呼ばれ、選挙の公正さ、執政部の議会への答責性、結社の自由、表現の自由に、参政権を持つ市民の割合を加えた五つの指標から合成されている。

このポリアーキー指標は0から1の間の値を取り、女性参政権が認められれば、その分だけ

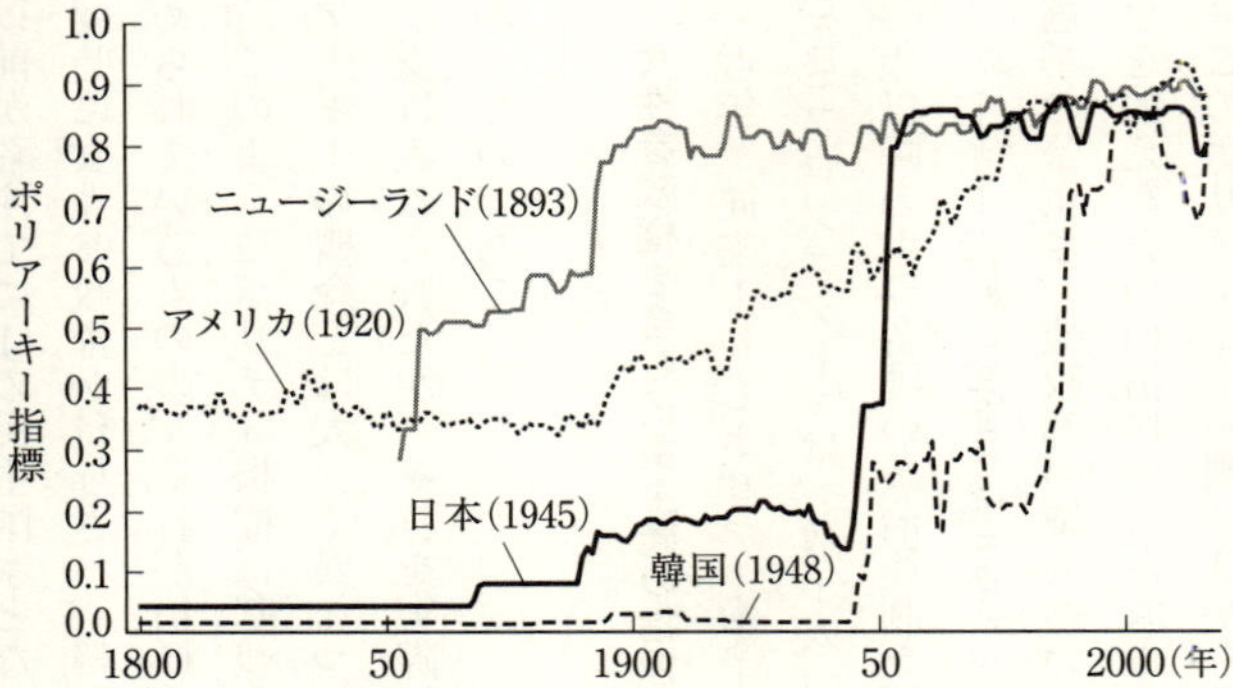

注：(　)は女性参政権の導入年.
出典：V-Dem Version 9 より筆者作成.

図 2-4　女性参政権の導入とポリアーキー指標

高くなる。それゆえ、この指標を使うと、ポリティ指標とは異なる民主主義の姿が見えてくる。

例えば、図2-4では、図2-3と同じ四カ国について、ポリアーキー指標を時系列で比較したグラフを示した。この図に従えば、アメリカはもはや民主主義の先発国ではない。アメリカの指標は、一九世紀の大部分の期間において0.3から0.4程度で前後していたものが、二〇世紀に入ってから上昇を開始し、一九七〇年代末にようやく0.8程度の水準に到達した。これに対して、ニュージーランドは一九世紀の後半の段階ですでに0.5に達しており、一九〇〇年には0.8まで指標が伸びている。

この比較からは、先にポリアーキーとなったニュージーランドに、アメリカが長い期間をかけて追い付いてきたという姿が浮かび上がってくる。ここに表れている傾向には様々な要因がかかわっているが、参政権の範囲も重要な役割を果たしている。ニュージーランドは一八九三年、アメリカは一九二〇年に女性参政権を導入し、その年に数値が顕著に上昇している。

また、日本の位置付けもポリティ指標の場合とは異なる。この図を見ると、日本のポリアーキー指標は一九二〇年代の大正デモクラシー期においても0.2前後で停滞し、アジア太平洋戦争に向かう一九三〇年代に指標が0.1近辺まで落ち込んだ後、敗戦後の一九五〇年代に0.8を上回る水準まで急速に指標が上昇し、ニュージーランドに追いついた。これに対して、韓国では長らくゼロ近辺にあった指標が、解放後の一九五〇年代の李承晩政権期から一九六〇年代の朴正熙政権期まで0.3前後で推移した後、一九七〇年代の維新体制の成立で0.2程度まで低下し、一九八〇年代の民主化を契機に急激に上昇して日本と同程度の水準に達している。

興味深いことに、このポリアーキー指標においては、一九二〇年代の日本における大正デモクラシーと、一九七〇年代の韓国における維新体制が、ほぼ同程度の評価を受けている。通常、日本では戦前の大正デモクラシーを戦後民主主義の先駆けとして高く評価することが多いが、このポリアーキー指標において、それに対する評価は至って低い。その背景には、やはり女性の選挙権の有無の影響がある。日本では、戦前には内地在住の男性にのみ選挙権が与えられ、女性参政権の導入には至らなかった。これに対して、韓国では解放とともに女性と男性の双方に参政権が付与された。以上の理由から、大正デモクラシー期の日本と維新体制期の韓国は同

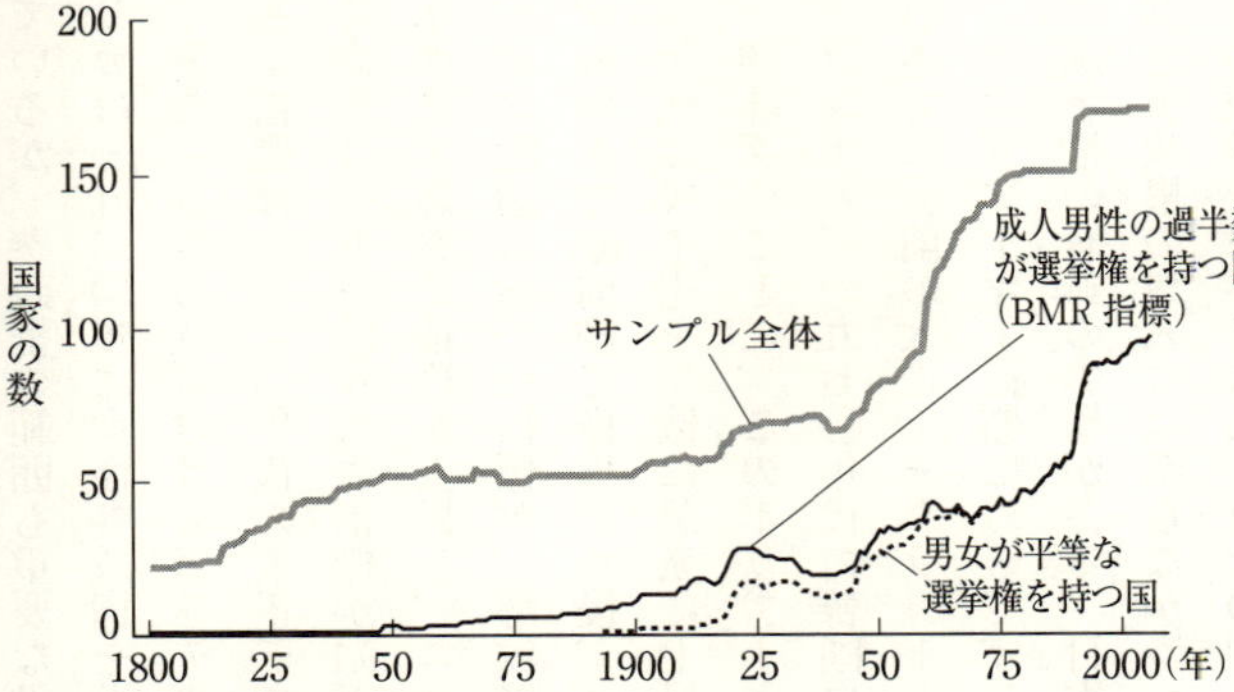

出典：V-Dem Version 9 より筆者作成.

図 2-5 「民主化の波」の再検討

程度に非民主的であったという判定が行われるのである。

もちろん、ポリアーキー指標も万能ではない。図2-4は、あくまで女性参政権を考慮した場合に生じる世界の見え方の変化の一例を示したものである。だが、ポリアーキー指標の欠点が何であるとしても、女性参政権を考慮しているという点において、それが従来の指標にひそむ男性中心的な側面を是正する試みであるのは明らかであろう。

ニュージーランドから広がる民主化の波

ここで、改めて「民主化の波」を見直してみよう。図2-5には、二通りの指標を細い実線と点線で示した。一つ目の細い実線で表された指標は、カール・ボイッシュが、ハンティントンの用いたものと同じ基準に従って世界各国の政治体制を分類した指標（ＢＭＲ指標）である。この指標では、成人男性の過半数の選挙権と競争的な選挙が導入されている国が１、そうでない国が０となる。つまり、１の国の数を集計すれば、その全体的な推移が分かるようになっている。ＢＭＲ指標は、アメリカを一八〇〇年から民主国家に分類するなど、定義を実際の事例に当てはめる段階ではハンティントンとやや異なる判断をしているが、その差異はさほど大きなものではない。もう一つの点線の指標は、ＢＭＲ指標で民主主義に分類された国のうち、女性に対して男性と同等の選挙権を認めた国だけを集計したものである。

この図を見ると、女性の選挙権を含めるかどうかで、傾向が異なることが分かる。まず、ハンティントンの基準に従って、成人男性の過半数が選挙権を持つ国として民主主義を定義するＢＭＲ指標によれば、確かに民主化の三つの波は観察される。一九世紀の半ばまで民主主義国はアメリカ一国であり、一八四〇年代末から少しずつ民主国家の数が増え、第一次世界大戦後の一九一八年頃に最初のピークを迎えた後、戦間期に落ち込んでいる。ところが、女性参政権を考慮した点線の推移に注目すると、異なる歴史が現れる。すなわち、一八九三年にニュージーランドが女性参政権を認めるまで、ハンティントンの言うような「民主主義の波」は生じておらず、世界に民主国家と呼べる国はない。第一次世界大戦に際して初めて、まとまった形で民主国家が出現し、第二次世界大戦後に民主国家が急激に増加する。

このように、女性参政権も含めた形で民主主義の概念を厳密に適用するならば、政治学の教科書における民主主義の歴史は書き換えられねばならない。その場合、民主主義の第一の波は、一八二八年のアメリカではなく、一八九三年のニュージーランドで始まる。このような見方は、民主主義の起源をアメリカやフランスに見る歴史観とは相性が悪いとしても、ダールのいうポリアーキーとしての民主主義の定義には忠実なのである。

二一世紀の現象としての女性議員の進出

しかし、すでに見たように、ポリアーキーの概念も、男女の代表性の不平等を考慮できないという欠点を持っていた。民主主義の条件として、代表という要素を重視するならば、女性に選挙権が与えられているだけでなく、被選挙権も与えられ、男性と同程度の議席を占める政治体制の方が、議席のほとんどを男性議員が占める政治体制よりも民主的であろう。この視点から見れば、ポリアーキーの下での女性議員の進出こそが、民主主義の広がりの証となる。

一九〇六年、フィンランドでは世界で初めて女性が被選挙権を獲得し、翌年の総選挙において全二〇〇議席中一九議席を女性が占めた。女性議員の進出は、ここから始まる。図2-6では、一九〇〇年から二〇一五年までの期間に、世界各国の議会下院における女性議員の割合が一定の値を超えた国の数を、三つの視点から図示した。

第一は、議会下院における女性議員の割合が一〇%を上回る国である。この一〇%という値

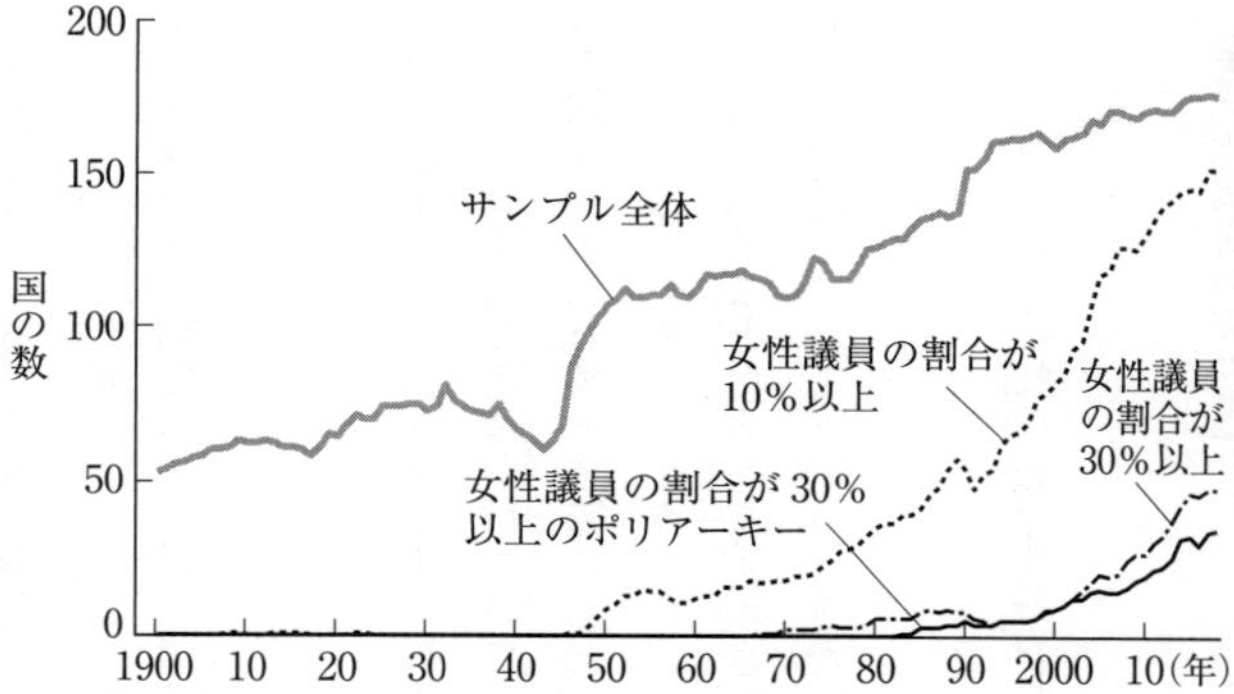

出典：V-Dem Version 9より筆者作成.

図2-6　女性議員の進出

は、今日の日本の衆議院における女性議員の割合に相当する。第二は、議会下院における女性議員の割合が三〇%を上回る国である。この三〇%という値は、第1章でも触れたように、組織において女性が能力を十分に発揮できる下限とされる「クリティカル・マス」として各国の政府機関で用いられている。第三は、こうした女性議員のクリティカル・マスを備えた国のうち、競争的な普通選挙を行うという意味でのポリアーキーに分類される国である。ここでは、先に紹介したポリアーキー指標の値が0.5以上の国をポリアーキーとして扱う。

この図を見ると、女性議員の進出の傾向は、図2-5で見たようなポリアーキーの広がりとは連動していない。女性議員の割合が一〇%を突破した国の数は一九五〇年代から増え続け、今日ではほとんどの国がこの条件を満たしており、そうでない国は三〇カ国程度である。これに対して、女性議員の割合が三〇%を超えている国の割合は、それほど多くない。この値を一九六〇年代末に初めて突破したのは、東ドイツやソ連といった旧共産圏の権威主義体制であり、ポリアーキーの下で女性議員の割合が三〇%を超えるのは一九八三年のフィンランドが最初であった。そのような国の数が本格的に増え始めるのは、二一世紀の現象である。

以上のように、ジェンダーの視点を取り入れることで、民主化の歴史の見え方は大きく変わる。単に競争的な選挙が行われていることだけでなく、男性と女性が平等に代表されていることを民主主義の基準とするならば、民主化の三つの波が存在したという考え方自体が、もはや成り立たない。ポリアーキーのさらなる民主化は、女性の議会への進出を通じて、男女が対等に代表されることによって実現される。こうした視点から見れば、現在こそが民主化の「第一の波」の途上にあるというべきなのかもしれない。

4　民主化の理論と女性

民主主義をどのように定義しようとも、昔に比べれば多くの国において民主化が進んできた。それは一体、なぜなのだろうか。この問題に答えるための理論を、一般に民主化論と呼ぶ。そして、民主化論においては、次の学説が圧倒的な影響力を持ってきた。

【近代化論】
社会経済的な構造が近代化するにともなって、中産階級が拡大し、貧困層が縮小することで、経済的な対立が穏健化する。その結果、政治的な紛争が抑制され、政権交代をともなう政治体制としての民主主義が成立しやすくなる。

この理論は、シュンペーター型の民主主義の成立条件を明快な論理で説明する。シュンペーターが民主主義のモデルとしたイギリスとアメリカは、まさに資本主義の先発国であった。そして、現代の世界の傾向としても、経済発展が進むとともに、権威主義体制の崩壊が進んできたように見える。

ハンティントンの言う「第三の波」の時代、ラテンアメリカの軍事独裁体制や中東欧の社会主義体制が崩壊する中で、民主化研究は急速に発展した。その過程で、近代化論の単純明快な論理に対しては多種多様な反論が行われてきたが、今日でも、近代化論はあらゆる民主化論の出発点であり続けている。何より、政治体制が経済的な条件に左右されるという考え方そのものについては、広い合意があるように思われる。民主主義はキリスト教に基礎づけられることで安定するというヨーロッパ中心主義的な考え方や、民主主義は儒教的伝統に基づく「アジア的価値」とは親和的ではないといった見解は、今日の政治学者の間ではほとんど支持されていない。

とはいえ、この論争で説明の対象となってきた民主主義は、あくまでシュンペーターの定義に基づく民主主義である。すでにこの章で再三述べてきた通り、その定義には、女性参政権は含まれていない。つまり、男女の意見が平等に反映される体制という意味での民主主義をもたらすメカニズムは、近代化論からは導くことができないのである。

参政権の男女差

ポリアーキーとしての民主主義の成立条件を考えるのであれば、政党間競争だけでなく、参政権の拡大をもたらす論理を説明しなければならない。この問題について、近年では次の学説がよく知られている。

――【階級間の妥協としての民主主義】――

権威主義体制の下では、選挙権が財産に基づいて制限され、富裕層に有利な政策が選択される。貧困層の組織力が増大し、階級闘争が激化する時、富裕層と貧困層の妥協が成立すれば、普通選挙が導入される。妥協が成立しなければ、富裕層は貧困層を抑圧する。

この理論は、一九世紀のイギリスにおけるチャーティスト運動に代表されるように、選挙権の拡大過程が富裕層（資本家）と貧困層（労働者）の激しい対立をともなったことをうまく捉えている。日本でも、一八九〇年の帝国議会開設当初は地主などの富裕層に限定されていた選挙権が、そこから一九二〇年代にかけて徐々に広がっていった過程の背後に、こうした力学を見出す考え方もある。そして、世界的に見ても、普通選挙権の導入は多かれ少なかれ、富裕層ではなく貧困層を代表する勢力が推進してきた。

だが、これはあくまで、男性の参政権拡大を説明する理論であって、女性参政権の導入を説明するものではない。富裕層であろうが、貧困層であろうが、女性は政治から排除されてきた。その排除の論理は、ジェンダー規範に基づくものであって、階級に基づくものではない。

アメリカとイギリスは、男性の参政権を拡大するタイミングが早かったこともあり、女性参政権を求める運動も早くから組織化された。アメリカでは、奴隷解放運動が進む中で女性参政権運動が生まれ、一八四八年のセネカ・フォールズ会議を出発点に、州レベルで女性参政権の獲得が目指された。南北戦争を契機に、白人女性の参政権と、黒人女性も含めた普通選挙権の優先順位をめぐって運動は二派に分れたが、一八九〇年には両派が合流して全米女性参政権協会（NAWSA）が設立された。最盛期には、その会員は二〇〇万人に達した。ここから分裂する形で、一九一六年にはアリス・ポールの率いる急進派が全米女性党（NWP）を設立し、連邦レベルの女性参政権を求めてホワイトハウス前で抗議行動を展開した。本章の冒頭で紹介したエピソードに登場したのは、このグループである。

イギリスでは、一八六七年の第二回選挙法改正の際にジョン・スチュアート・ミルが提出した女性参政権を導入する修正案が否決された後、一九世紀末には女性参政権協会全国同盟（NUWSS）と、より急進的な女性社会政治同盟（WSPU）が結成された。特に後者の活動家たちは「サフラジェット」と呼ばれ、エメリン・パンクハーストの指導の下で時に暴力に訴えることで有名になり、恐れられた。

国際的に見た場合、この二つの国は女性参政権運動が最も広く組織された事例だったが、女性参政権の導入は第一次世界大戦まで行われなかった。日本では、一九二五年の男子普通選挙の導入から一九四五年の女性参政権導入まで二〇年の時間差がある。男女の参政権の時間差が極端に長いフランスの事例では、一八世紀末のフランス革命の時代から男子普通選挙が試みられた一方で、女性参政権が導入されたのは一九四四年であった。

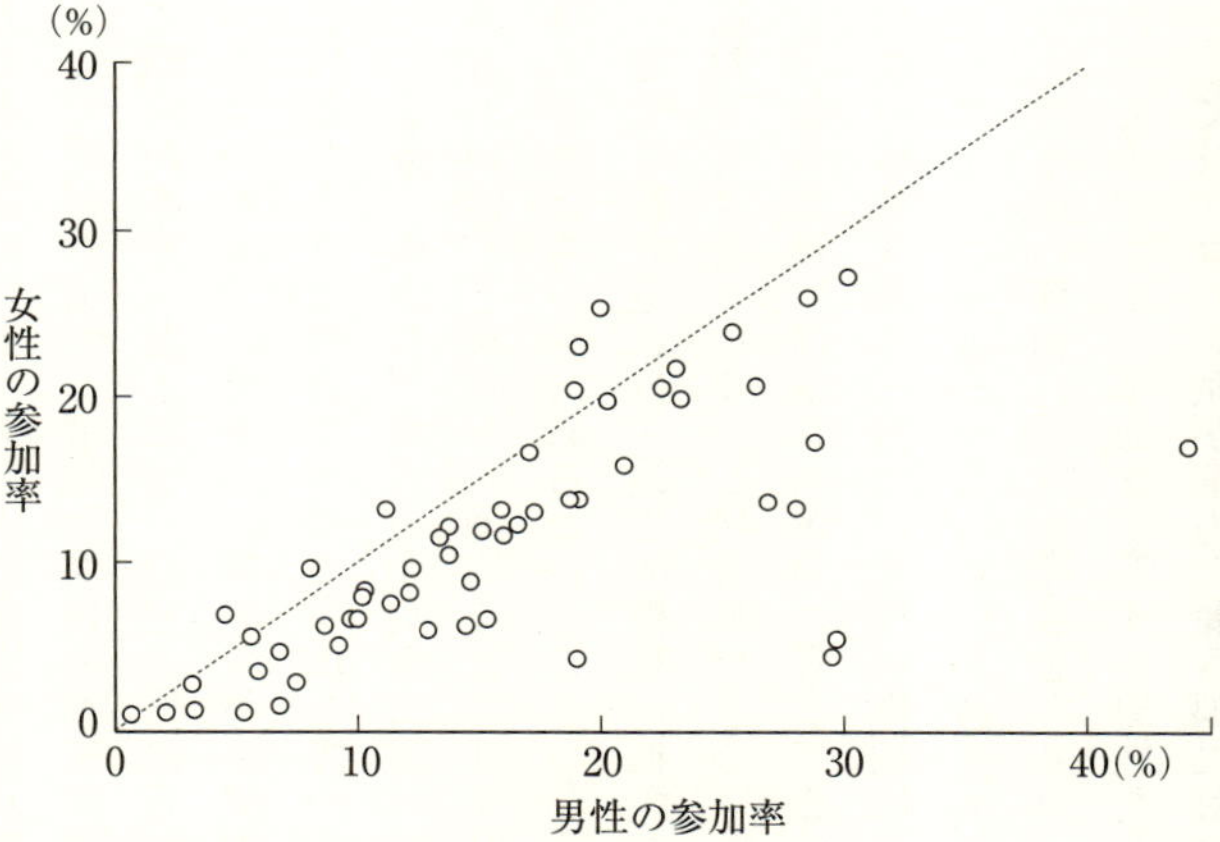

出典：WVS Wave 6 より筆者作成.

図 2-7　平和的なデモへの参加(2010–14 年)

ジェンダーと体制転換

男性の選挙権は女性の選挙権に先行し、ポリアーキーが成立しても男性の政治家たちが権力を握る。すなわち、民主化の過程には、何らかの形で男性支配を持続させるメカニズムが潜んでいるといえよう。

まず、一つの可能性としては、ジェンダー規範に従う女性は家庭に閉じこもるため、権威主義体制への抵抗に消極的であるという仮説が考えられる。だが、女性が男性に比べて政府に対する抗議活動に極端に消極的かというと、そうではない。図2-7では、二〇一〇年から二〇一四年にかけて行われた世界価値観調査(第六波)のデータに基づいて、世界各国の回答者の中で「平和的なデモに参加したことがある」と答えた人の割合を男女別に示した。散布図上の白丸はそれぞれの国を示しており、横軸が男性、縦軸が女性の参加率である。図の右下に行くほど男性の方がデモに参加する傾向があり、左上に行くほど女性の方がデモに参加する傾向がある。この散布図を見ると、いくつかの国ではデモへの参加者が圧倒的に男性に偏っているものの、多くの国では男性と女性は似たような割合でデモに参加していることが分かる。

つまり、確かに男性の方が女性に比べてデモをはじめとする抗議行動に参加しやすい傾向はあるものの、それほど圧倒的な差ではない。そうだとすると、問題は、民主化運動を指導するリーダーたちの側にあるということになる。

歴史を振り返れば、政治的権利の拡大を求める男性たちは、しばしば女性の権利の拡張には反対してきた。いくつか例をあげよう。

一七八九年、フランス革命に際して憲法制定国民議会が採択した人権宣言は、市民としての男性の権利を謳う一方で、女性の権利は明記しなかった。一七九一年に制定された憲法でも、それに続く立法議会でも、女性の政治的権利は否定され続けた。これに対しては、『女性および女性市民の権利宣言』を発表したオランプ・ド・グージュをはじめ、多くの女性たちが抗議の声を上げたが、革命を主導する男性たちは、その声に耳を貸さなかった。やがて革命が急進化してジャコバン派が権力を握る国民公会の時代になると、オランプ・ド・グージュは王党派の疑いをかけられて処刑されてしまった。

大正デモクラシー期の日本では、吉野作造の民本主義論が注目を集める中、選挙権の拡大を求める運動が広がったが、一九二五年に導入されたのは男子普通選挙であった。これに対して、女性参政権運動は、平塚らいてうと市川房枝が一九一九年に新婦人協会を設立した後、一九二四年の婦人参政権獲得期成同盟会の結成で本格化し、男性の「普選」に対抗する「婦選」の実現を目指した。一九二八年の総選挙で、市川らは婦選に協力する男性議員は党派に関係なく支援する方針を選択したが、無産政党を支援する吉野作造は、この婦選を優先する戦略を批判したといわれる。一九三〇年には立憲民政党の浜口内閣の下で女性の地方参政権を認める婦人公民権法案が衆議院を通過したが、貴族院では審議未了となった。

現代の民主化の事例を見ても、事情は似ている。例えば、共産党支配の解体後に家庭における女性の役割が強調された旧共産圏とは異なり、ラテンアメリカ諸国では軍事政権下で男性が弾圧の標的となる中で、女性の抗議行動が大きな役割を果たす場合もあった。特に、アルゼンチンの軍事政権に誘拐された若者の母親たちによる「五月広場の母たち」の運動は民政移管に向けた動きを後押ししたものとして名高い。ところが、一九八三年に軍事政権が退場する段階では、男性たちが主導する政党が政権との交渉を担い、新たに実施された選挙の当選者のほとんどは男性で占められた。女性が議会へと進出するのは、女性運動が再び結集し、政治的代表を要求する一九九〇年代以降である。

国際的な規範と女性参政権

このように、民主化運動において男性優位のジェンダー規範が強く働くのであれば、民主化は女性の権利の拡大にはつながらない。より男女平等な政治体制を目指すには、男性優位の規範を覆すようなメカニズムが必要となる。女性参政権が拡大した過程においては、こうした規範の転換がしばしば見られたと言われている。

第一に、戦争協力に基づいて、女性参政権を正当化する規範がある。二〇世紀以前、戦争が前線における軍隊同士の戦闘で完結していた時代には、国防を担う役割は男性の手に独占されていた。軍隊は圧倒的に男性優位の組織であり、そこには女性の姿はなかった。男性にのみ選挙権を認める規範は、次のように定式化される。

- 国を守る人には、参政権を認めなければならない。

ところが、第一次世界大戦を契機に戦争の形態が変化し、総力戦の時代になると、この規範の意味が変化した。前線と銃後の区別が消滅し、女性も軍需生産など様々な場面で戦争に参加する。それまでは、男性だけが国を守る役割を果たしていたのが、総力戦の時代になると、女性も国を守る役割を果たす。その結果、女性も参政権を得る資格を持つようになる。

このメカニズムは、アメリカとイギリスの事例に、うまく当てはまる。第一次世界大戦時のイギリスでは、ロイド・ジョージ内閣が戦後の参政権付与を約束したことで、それまで戦争反対を訴えていた女性参政権運動が戦争協力に転じ、一九一八年の第四回選挙法改正と一九二八年の第五回選挙法改正で女性参政権を獲得した。アメリカでも、ウィルソン大統領が女性の戦争協力を強調して参政権付与を訴え、戦後の一九二〇年に女性参政権が導入されている。そして、イギリスとアメリカの経緯は、日本においても途中までは再現された。アジア太平洋戦争の際、市川房枝などの女性参政権運動の活動家は、反戦ではなく戦争協力を選択した。同じ時期、他の交戦国でも、女性たちは戦争に協力している。

第二に、国際社会の普遍的な潮流の一環として、女性参政権の導入を正当化する規範がある。この論理に従えば、戦争協力は女性参政権を獲得する唯一の道ではない。むしろ、ある時期以降、女性参政権は軍事動員の有無に関係なく世界に広がっていった。それを支えたのは、次のような新たな規範である。

- 国民国家は、女性参政権を認めなければならない。

ここでは、女性が政治に参加する資格を持っているかどうかは、問題にならない。むしろ、これは国民国家一般がどのような政治制度を定めるべきかを示す規範である。

この規範は、女性運動の国際的な連携を通じて広がったと言われる。一九世紀末、蒸気船や電信など交通・通信手段の発達によって、女性運動が国際的に連絡を取り合うことが可能になった。また、万国博覧会をはじめとする国際的な文化交流も、この時代には盛んになっていた。こうした国際主義の流れの中で、各国の女性運動家たちが国際会議を開くようになる。一八七八年、パリ万国博覧会に合わせて一二カ国の代表が集まり、国際女性の権利会議が開催された。

一八八八年、アメリカでは女性参政権運動の入口となった一八四八年のセネカ・フォールズ会議四〇周年を契機に、ワシントンDCで国際女性評議会(ICW)が結成された。この時期に誕生した女性運動の国際組織の中でも、一九〇四年にドイツのベルリンで設立された国際女性参政権同盟(IWSA)は、女性参政権の導入に向けた潮流をつくったと言われる。

こうして各国に広がった女性参政権の規範は、この時代に新たに独立した国々において最も強く作用した。これらの国々では、代議制民主主義の試みが始まって日が浅く、新たな国家建設に女性の協力を求めるという意味もあって、早くから女性参政権が導入された。一八九三年と一九〇二年にそれぞれ女性に選挙権を認めたニュージーランドとオーストラリアは、いずれもイギリスの植民地であった。それに続いて一九〇六年にフィンランドで女性の選挙権と被選挙権が導入されたのは、日露戦争の敗北で勃発したロシア第一革命の余波によって、ロシアがフィンランドに事実上の独立を与えたのを契機としている。ノルウェーは、一九〇五年にスウェーデンから独立し、一九一三年に女性参政権を導入した。

女性参政権を認める国が増えると、女性参政権の導入という規範は、国民国家の指導者たちを一層強固に拘束することになる。第二次世界大戦以後、多くの植民地が独立する時期には、男性と女性の双方に参政権を認めることはすでに常識となっていた。日本やフランスも、女性参政権を導入したのは、この段階であった。

第三に、自国の倫理的優位を示すために女性参政権の導入を正当化する規範がある。すなわち、国民国家が一般的に備えるべき性質を備えることではなく、むしろ、一部の特権的な国家群の一員としての自国の地位を示すために、女性参政権が導入されるのである。

・文明国は、女性参政権を導入しなければならない。

この考え方に従えば、女性参政権が導入される時に用いられる理由付けは、それぞれの地域の事情によって異なる。すなわち、野蛮な国と自国を差異化するために女性参政権を導入した国もあれば、文明国の仲間入りをするために女性参政権を導入する国もある。だが、そこでは国家間の倫理的な優劣が、明確に示されることになる。

このメカニズムが典型的に働いたのは、ソ連を中心とする共産圏における女性参政権の導入過程であろう。共産党が権力を握った国々が女性参政権を早くから導入したのは、それが国際的な常識だったからではない。むしろ、女性参政権は、資本主義諸国に対する社会主義国の文明的な優位を示すという意図によって導入されたと考えられている。そして、第二次世界大戦後に冷戦が始まると、東側諸国では西側諸国に比べて多くの女性議員を起用し、男女平等が実現されていることを誇るようになった。

男女平等な民主主義への道

ここまで検討してきた考え方の多くは、ポリアーキーの成立を説明するものであった。だが、すでに述べたように、ポリアーキーは民主主義そのものではない。今日の日本のように、極端な男女の不平等が残存する場合もある。ポリアーキーよりも民主的な体制へと進む道は、どのようにすれば開けるのだろうか。

この問題について、ダールは『ポリアーキー』を含むいくつかの著作の中で、福祉国家に対する期待を述べている。ダールの考えでは、ポリアーキーの抱える深刻な弱点は、市民の間で権力資源が不平等に分配されていることにあった。従って、福祉国家を通じて政府が広く社会保障を提供すれば、貧富の格差が縮小し、市民が平等に意見を言う環境が整うであろう。それが、より民主的な政治体制を築くための、ダールの構想だった。

だが、この議論には、ジェンダーの視点はない。もし福祉国家が貧困を防止し、経済的格差を縮小する役割を果たすのだとしたら、それは誰の貧困を防止し、誰と誰の間の格差を縮小するのだろうか。はたして、福祉国家は男性と女性の間の不平等を是正するものなのだろうか。

次の章では、福祉国家に関する議論を中心に、政府の政策がどのように作られ、誰の利益を実現するのかを検討する。

第3章　「政策」は誰のためのものか

1　男性のための福祉国家

「ゆりかごから墓場まで」

一九四三年三月二一日、イギリス放送協会(BBC)のラジオ放送に、ウィンストン・チャーチル首相が登場した。それは、第二次世界大戦がヨーロッパにおいて転換点を迎えていた時期である。前年の一一月にはイギリス軍がエル・アラメインの戦いでドイツとイタリアの枢軸国軍を破り、二月にはスターリングラードでソ連軍の包囲下にあったドイツ軍が降伏した。この状況を踏まえ、チャーチルは戦後のビジョンを国民に提示することにしたのである。

その道のりを、チャーチルは次のように描いた。まず、ヒトラーを可能な限り早く降伏に追い込み、余勢を駆って日本を撃破した上で、奪われたアジアの植民地を取り戻す。それに続いて、アメリカとソ連の協力の下、戦争が再び起きるのを防ぐための新たな国際組織を結成する。他方、イギリス国内では、四カ年計画を作成して経済復興を図るとともに、全国民の加入する新たな社会保険制度を設立する。

当時のイギリスで、労働党ではなく保守党の政治家の口から社会保険という言葉が出るのは、意外だったであろう。そこで、チャーチルは言う。確かに、保守党は社会保険に冷淡だというイメージもあるのかもしれないが、自分はそうではない。「私たちは、すべての階級のための、ゆりかごから墓場までのあらゆる目的に応えるような、全国民の加入する社会保険制度の支持者だとお考えいただきたい」。もちろん、今は戦争の最中であり、無責任な約束はできないと念を押した上で、チャーチルは改めて戦争遂行への協力を呼びかけた。

チャーチルの語ったイギリスの福祉国家の構想は、ウィリアム・ベヴァリッジを座長とする政府の審議会が一九四二年一一月に発表した報告書「社会保険および関連サービス」に基づいていた。このベヴァリッジ報告書には、次のような三つの原則が示されていた。第一に、過去の経験に基づく特殊な利害にとらわれず、制度を全面的に改正すること。第二に、社会保険は、社会の進歩のための包括的な政策の一環とすること。社会保険は、再建のための五つの課題のうち、「窮乏」を取り除くにすぎない。他の四つの課題は、「病気」「無知」「不潔」「怠惰」である。第三に、社会保障は、国家と個人の協力に基づいて実現されなければならない。「ナショナル・ミニマムを設定するにあたって、国は、各人が彼自身および彼の家族のために(for himself and his family)その最低限以上の備えを行うべく自発的に行動する余地を残さなければならない」。

一九四五年五月にドイツが降伏した直後の総選挙で保守党が敗れ、チャーチルが下野したにもかかわらず、今日「ゆりかごから墓場まで」というフレーズは広く記憶されている。代わって成立した労働党のクレメント・アトリー内閣の下、国民保健サービス(NHS)を中心とする手厚い社会保障のための仕組みが築かれ、以後「ゆりかごから墓場まで」という言葉は、労働党の福祉政策を表す言葉として記憶されることになった。

それでは、こうして誕生したイギリスの福祉国家は、誰のための福祉国家だったのだろうか。ベヴァリッジ報告書の記述によれば、それは「彼自身および彼の家族のため」である。「彼」が働いて得る所得を、国家が保障する。そうだとしたら、家族の他の構成員たちは、何をするのだろうか。そして、その構成員たちのために、イギリスの福祉国家は何をするのだろうか。実は、その福祉国家は男性市民に便益を供与するために設計されているのかもしれない。そうだとすると、女性や子どもは、男性を通じて間接的に政策の恩恵を受けるにすぎないのではないか。

ここには、国家の活動方針という意味での、公共政策一般に関わる問題が表れているといえよう。公共政策には、安全保障政策から農業政策まで様々な種類があり、その中には明示的に女性の利益に関わる政策もある。この種の政策は女性政策とも呼ばれ、女性の就労に関わる労働政策、家族の形成に関わる家族政策、妊娠・出産に関わるリプロダクティブ・ヘルス／ライツ、あるいは女性に対する暴力(VAW)への取り組みなどから成り立つ。だが、他の一見するとジェンダー中立的な政策も、実は男性と女性に異なる便益を与える場合が少なくない。なぜ、そのようなことが起きるのだろうか。以上の問題関心に基づき、この章では政策がどのように作られ、いかなる働きをするのかを考えていく。

福祉国家とは何か

「ゆりかごから墓場まで」という表現は、福祉国家の理念として広く知られてきた。今日では、日本を含むあらゆる先進国が、何らかの意味での福祉国家となっている。福祉国家の概念を示すとすれば、おそらく次のようなものになるだろう。

【福祉国家の概念】

一九世紀の国家は、市場経済に介入しないことを旨とする夜警国家であった。だが、資本主義経済の下では、労働者は労働市場において取引される商品として扱われ、失業や病気によって仕事を失う深刻なリスクに直面する。このため、二〇世紀になると、市場経済のリスクから労働者を守るため、年金、失業保険、医療保険、生活保護など、労働者を「脱商品化」するための社会保障制度が発達することになった。こうした制度へのアクセスを社会権として保障する国家を、福祉国家と呼ぶ。

福祉国家は、経済的な不平等を是正する国家である。国立社会保障・人口問題研究所の「社会保障費用統計」によると、二〇一六年度の日本における社会保障給付費は、合計約一一七兆円であった。内訳は、医療が約三八兆円、年金が約五四兆円、福祉その他が約二四兆円である。財源は、被保険者と事業主が負担する社会保険料として約六九兆円、国と地方の予算からの公費負担として約四八兆円、その他の収入として約一八兆円、合計約一三五兆円からまかなわれた。その年の国内総生産(GDP)約五三九兆円の二割程度が、社会保障にあてられたことになる。

だが、ここで一旦立ち止まって、福祉国家の実現する平等とは、誰と誰の間の平等なのかを考えてみよう。福祉国家が脱商品化するのは、市場経済の下で労働者として何らかの仕事に就き、所得を得ている人々である。福祉国家は、そうした人々が経済的なリスクに直面した時に、その生活を保障する。逆に言えば、そもそも労働市場に参加していない人は、福祉国家の公共政策の主たる受益者ではなくなってしまう。

ここに、ジェンダーの視点からの強力な批判が加えられることになった。というのも、男女の性別役割分業を生み出すジェンダー規範が共有された社会では、労働市場に参加するのは主に男性である。これに対して、女性は家事や育児に従事し、男性を支えることを期待される。

そうだとすると、労働者を脱商品化する福祉国家は、実は男性を脱商品化しているにすぎない。ベヴァリッジ報告書が提示した福祉国家は、男性のための福祉国家なのである。

福祉レジーム論とフェミニスト福祉国家論

欧米先進国が安定的な経済成長を享受していた一九七〇年代までは、先進国はすべて同じような豊かな産業社会を実現し、その下で福祉国家へと収斂すると考えられていた。これに対して、今日では各国の社会的条件に応じて様々なタイプの福祉国家がつくられると考えられている。福祉国家を類型化する上で、次の学説の影響力は極めて大きい。

【福祉レジーム論】

イエスタ・エスピン＝アンデルセンの『福祉資本主義の三つの世界』(一九九〇年)によれば、欧米の福祉国家は三種類の「福祉レジーム」に分類される。ドイツやイタリアなどの保守主義的福祉レジームでは、公務員や産業など職業集団別につくられた社会保険制度に基づいて労働者に福祉が供給され、家族も福祉の供給源として大きな役割を担う。アメリカのような自由主義的福祉レジームでは、市場が福祉の供給源であり、働くことができない人には例外的に生活保護が与えられる。スウェーデンなどの社会民主主義的福祉レジームでは、福祉の提供を受けることが市民権として認められており、単一の制度の下で手厚い年金制度や失業給付と充実した社会福祉サービスが供給される。

福祉国家の脱商品化機能を測定する上では、社会保障支出の額だけでなく、その内容が重要となる。年金は、現役時代の所得の何パーセントを保障するのか。失業保険の給付期間はどの程度か。このような視点から三種類の福祉国家を比べれば、社会民主主義的福祉レジームが最も脱商品化の機能が強く、自由主義的福祉レジームはその機能が最も弱い、というのがエスピン＝アンデルセンの議論から得られる知見であった。

だが、ジェンダーの視点から見ると、脱商品化の程度に基づく分類は、福祉国家を分類するアプローチとして必ずしも適切ではない。男女の性別役割分業が行われている社会では、男性が労働市場における経済的なリスクに直面するのに対して、女性は家庭の内側に閉じ込められ、男性に生活の糧を依存することにともなうリスクに直面している。このリスクを減らすには、女性が経済的に男性に依存する仕組みを改めなければならない。

こうした問題意識から、フェミニスト福祉国家論が生まれた。その中でも最も有名なのは、福祉国家を男性稼ぎ主モデル(male breadwinner model)と個人モデル(individual model)に分類するダイアン・セインズベリーの『ジェンダー・平等・福祉国家』(一九九六年)の議論であろう。

男性稼ぎ主モデルの福祉国家において、社会保険は家族の代表者としての男性に対して提供される。すなわち、男性が家族全員の社会保険料を支払えば、その家族に対して受給資格が与えられる。労働政策は男性の雇用を確保するために行われ、妻には無償で家事・育児・介護を担うことが要求される。

これに対して、個人モデルの福祉国家においては特定の家族像は前提とされず、夫と妻は対等な存在として、仕事で収入を得るとともに、家事や育児においても協力することが想定されている。このため、夫と妻はどちらも自らの資格で社会保険制度に加入し、自らの拠出に基づいて給付を受ける。労働政策も、男性と女性のどちらかを優先するわけではない。

さらに、個人モデルの福祉国家はケアを社会化する。すなわち、育児や介護といったケア労働を家族で抱え込むのではなく、政府が積極的に社会福祉サービスを供給することで、男女共働きの家族を支えるのである。

この二つのモデルを比べると、個人モデルの方が、男性稼ぎ主モデルに比べて男女平等志向が強い。男性稼ぎ主モデルは、働く男性の妻として家庭でケア労働に従事する専業主婦の存在を前提にした制度であろう。シングルマザーやワーキングマザーなど、この条件に当てはまらない女性は、十分な恩恵を受けることができない。これに対して個人モデルは、男性に依存しない女性にも、福祉を提供する。

セインズベリーの狙いは、男性の労働者を脱商品化するのに成功したとされている福祉国家が、その裏では女性を家庭に閉じ込めているのではないかという問題を提起することであった。保守主義的な福祉国家の多くは、それなりに充実した社会保険制度を通じた脱商品化機能を持つ一方で、家庭における女性のケア労働に依存した男性稼ぎ主モデルの福祉国家としての側面を強く持つ。北欧の社会民主主義的な福祉国家も、個人モデルの福祉国家としての性格が強いものの、男性稼ぎ主モデルの要素も含んでいる。このように、ジェンダーの視点を導入することは、福祉国家のあり方を問い直す契機となった。

脱商品化と脱家族化

批判を受けたエスピン＝アンデルセンは、『ポスト工業経済の社会的基礎』(一九九九年)の中で、自らの福祉レジーム論を大きく修正している。福祉国家の働きとして、脱商品化に加えて、脱家族化という概念を導入し、改めて先進諸国の福祉国家を比較したのである。脱家族化とは、女性を家庭における介護や育児から解放し、労働市場への参加を支援することを指す。脱商品化を行う場合と、脱家族化を行う場合とで、必要とされる政策は大きく異なる。

表3-1は、脱商品化の度合いと、脱家族化の度合いを測定するために、エスピン＝アンデルセンが用いた指標の内容を比較している。この表を見ると、脱商品化の度合いを測定する際

表 3-1　脱商品化と脱家族化の指標

脱商品化	脱家族化
①年金の脱商品化度(0〜18)	④家族関係サービス支出の対 GDP 比(%)
②疾病給付の脱商品化度(0〜15)	⑤家族関係金銭支出の対 GDP 比(%)
③失業給付の脱商品化度(0〜15)	⑥３歳児未満の保育施設の利用率(%)
脱商品化指数：①＋②＋③	⑦高齢者の介護サービスの利用率(%)

には、①年金 ②疾病給付 ③失業給付という、労働者の直面するリスクを緩和する制度の充実の度合い(脱商品化度)が指標化されており、その合計が脱商品化指数となる。

これに対して、脱家族化の度合いを測定する際には、むしろ家庭内でのケアを社会化する制度が指標化の対象となる。④家族関係サービス支出には、保育所などを設置するための財政支出が含まれる。⑤家族関係金銭支出には、児童手当の給付などの支出が含まれる。④を通じてケア労働を社会化するわけではない国も、⑤を通じてケアの費用を社会化することができるのである。⑥三歳児未満の保育施設の利用率は、育児が家庭外で行われている度合いを指す。⑦介護サービスの利用率は、介護が家庭外で行われている度合いを指す。

ここでは、脱商品化の視点から見た福祉国家と、脱家族化の視点から見た福祉国家を比較してみよう。図3-1では、横軸にエスピン＝アンデルセンが脱商品化を測定するために用いた「脱商品化指数」を示し、縦軸にはＯＥＣＤの社会保障データベースに基づいて家族関係社会支出(サービス支出と金銭支出の合計)が国内総生産に占める割合を示した。脱

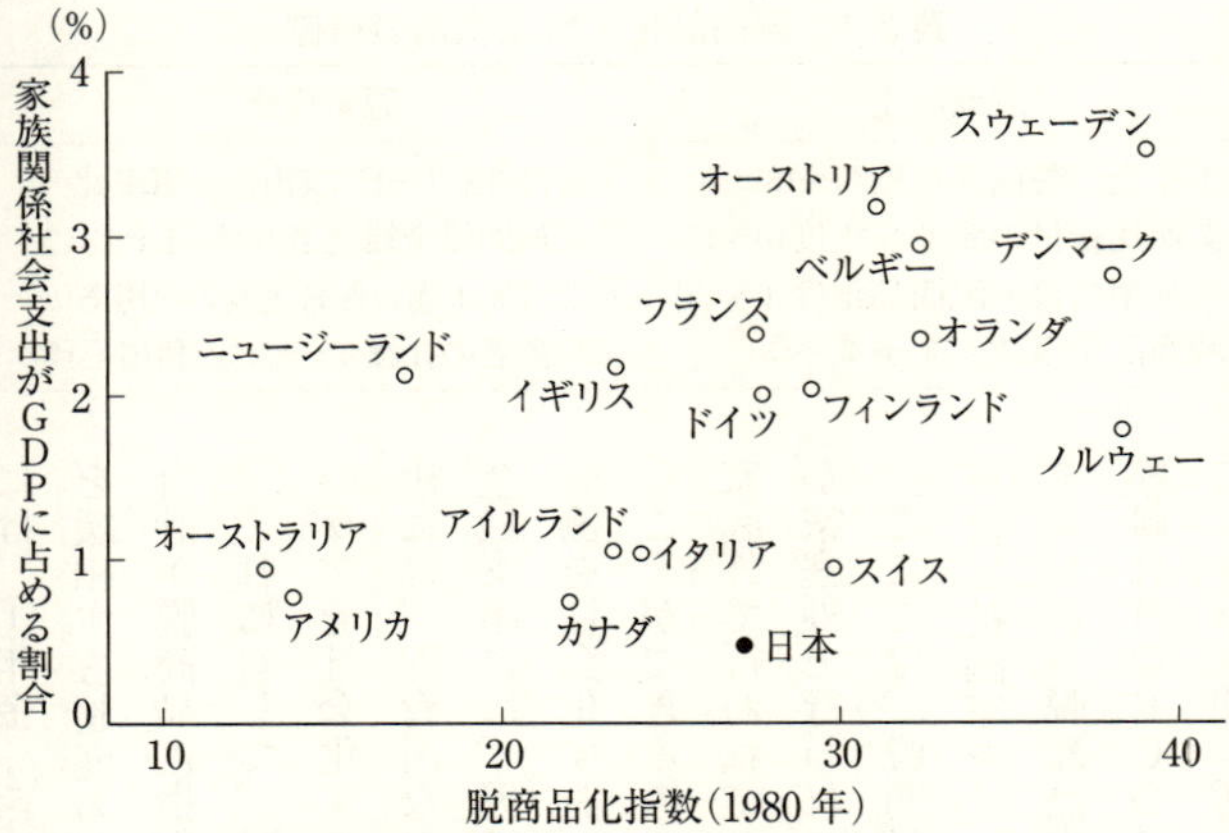

出典：OECD.Stat およびエスピン＝アンデルセン(2001)，57頁より筆者作成.

図3-1　脱商品化指数の再検討

商品化指数については、日本の福祉国家が過大評価されているという批判もあるが、ここでは元の数値を踏襲する。他方、脱家族化についても本来は脱商品化指数のような指標があれば望ましいのであるが、エスピン＝アンデルセンの用いる四つの指標は、単純に合計することができない。ここで用いる数字は、④と⑤の合計に相当する。データは、脱商品化指数の作成された年に合わせて、一九八〇年のものを用いた。

この図からは、興味深いことが分かる。まず、全体の傾向としては、脱商品化指数の高い国ほど、家族関係支出の割合も高い。だが、個々の事例を見ると、ばらつきも大きい。確かに、スウェーデンのようにどちらの指標も高い国もあれば、アメリカのようにどちらの指標も低い国もあるが、同じ程度の脱商品化を実現しているとされている国でも、脱家族化の度合いは大きく異なるのである。

中でも、日本の位置付けはユニークである。脱商品化指数においては中程度だった日本の位置は、家族関係支出においては、最下位に沈んでしまう。これは、ジェンダーの視点から見た場合、一九八〇年代の日本は最も男女の平等とは程遠い男性稼ぎ主モデルの福祉国家だったということを示唆する。この時期、介護サービスの利用率や保育施設の利用率についても、日本は先進諸国で最下位の水準にあった。つまり、当時の日本の福祉国家は、男性を通じて福祉を供給する国家だったといえよう。

男性稼ぎ主モデルとしての日本の福祉国家

そもそも、日本の福祉国家は、エスピン＝アンデルセンの三類型にはうまく当てはまらない事例だと言われてきた。日本では、企業従業員向けの厚生年金や公務員向けの共済など、職域別に分かれた社会保険制度が整備されている点で、保守主義的福祉国家としての特徴を持ちながらも、社会保障支出の水準が低いという意味では、自由主義的福祉国家としての要素を持つ。その特徴は、次のように描かれることが多い。

【日本の福祉国家】
日本には、欧米諸国に見られるような社会保障制度に加えて、福祉国家を機能的に代替する様々な政策が存在する。例えば、公共事業や農業補助金は、欧米諸国では福祉国家の構成要素とは考えられていないが、都市から農村へと富を再分配する。また、終身雇用制をはじめとする強固な雇用保護の仕組みによって、企業労働者の生活を保障していることも、社会保障制度を代替する仕組みだと考えられる。全体として、日本の福祉国家の特徴は、その特殊主義にある。

この記述は、日本の福祉国家の平等主義的な性格を強調している。それは、北欧諸国のような普遍主義に基づいてすべての市民に平等に便益を分配しているわけではないが、様々な社会集団に対して、別々の形で便益を分配し、生活を保障する国家である。そして、社会保障支出を低く抑えながらも、「一億総中流」と言われるような、階級格差の小さな社会を作ることに成功した事例である。その意味で、欧米諸国とは異なる姿をしているにしても、日本には充実した福祉国家が存在しているということになる。

その一方で、このような日本の福祉国家に対する評価には、ジェンダーの視点が含まれていない。平等社会であるはずの日本において、著しい男女の不平等が存在していることは、この福祉国家の解説からは読み取ることができない。そして、ジェンダーの視点から日本の福祉国家を見ると、そこには男性稼ぎ主モデルの性格が色濃くあらわれる。

財政面から日本の福祉国家を見ると、そこでは夫が経済的に妻と子どもを養うという家族形態を前提とする制度が深く埋め込まれている。例えば、配偶者の所得が一定以下である場合に、所得税の課税額を割り引く配偶者控除制度や、国民年金の第二号被保険者(会社員や公務員など)の配偶者も年金保険料を納めたものと見なす第三号被保険者制度は、事実上、専業主婦のいる世帯を優遇する仕組みとして機能してきた。その際、制度の便益を得る資格を満たすため、女性が一定額以下の所得に自らの就労を自発的に制限する「一〇三万円の壁」や「一三〇万円の壁」などと呼ばれる現象の存在が指摘されてきた。

終身雇用は、男性の雇用を守る仕組みとしての色彩が強い。日本では、企業の正社員の多くは男性であり、家族を養うのに必要な賃金や手当を含め、充実した福利厚生が整備されてきた。これに対して、企業が景気の変動に応じて雇用を調整する際には、非正規労働者を活用する戦略が用いられることになる。石油危機によって国際経済の不安定化した一九七〇年代以降、日本では多くの女性従業者がパート労働者として労働市場に参入することになった。つまり、女性をいわば雇用の調整弁として用いることで、企業は市場の変動への対応と、正規労働者の雇用の安定を両立してきたわけである。

これに対して、都市から農村に富を再分配する公共事業や農業補助金は、農村部の男性の手に利益を分配する仕組みであるといえよう。建設業の従業員は歴史的に男性が圧倒的な多数を占める。農業は、男性の自営業主を女性の家族従業員が支える構造になっている。そこで行われる富の分配が、社会保障制度を通じた再分配と同じ機能を果たしたという評価は、男性稼ぎ主モデルの福祉国家を念頭においたものにすぎない。それは、個人モデルの福祉国家のような、個々の市民の社会権に基づく社会保障制度とは異なる働きを持つのである。

他方、男性に対する便益の分配が行われてきたことと表裏一体の関係として、日本では他の先進国に比べて家事・育児・介護といったケア労働の大部分が家庭における女性の無償労働を通じて供給されてきた。そのような役割を期待される女性にとって、仕事と家庭の両立は極めて難しい。伝統的に、保育サービスは、家庭において十分な保育を受けられないという意味での「保育に欠ける児童」のために例外的に提供されるものとされ、かつては母親に対して育児の義務を果たしていないとするスティグマを広く生んできた。今日でも、共働きの両親が保育施設に子どもを預けることができない「待機児童」の問題が、特に都市部において深刻となっている。

国家が労働者をそれほど脱商品化するわけでもなく、福祉の供給主体としての家族の役割を重視するという意味で、日本の福祉国家は家族主義モデルと呼ばれることもある。なぜ、日本ではこのような性格を持つ福祉国家がつくられたのだろうか。この問題について考えるためには、福祉国家を支える政治的な力学を考えなければならない。

2　政策は誰の利益を反映するのか

利益集団政治の捉え方

代議制民主主義の下では、選挙の時を除けば、市民が政治共同体の意思決定に関わる機会はない。官僚が政策案を作り、政治家がその中から選択を行う。この過程で自らの意見を政策に反映することを望む市民は、利益集団を組織し、政策変更を求めて政治家や官僚に陳情を行う必要がある。利益集団は、選挙で組織票を投じたり、政治資金を提供したりする能力に基づいて影響力を行使する。その仕組みは通常、次のように説明される。

【エリート主義と多元主義】

資本家のような一部の特権的な階級が影響力を独占しているという見方を、エリート主義と呼ぶ。これに対して、労働組合や消費者団体も含めて、社会における様々な集団が自由に活動し、政策に影響を与えているという見方を、多元主義と呼ぶ。

多元主義の政治は様々な意見を反映するという点で、エリート主義的な政治に比べて民主的であるが、あらゆる意見を反映するものではない。利益集団を組織するにはコストがかかり、その活動を通じて実現される政策の便益には、集団の構成員以外もただ乗りすることができる。このフリーライダー問題を乗り越えることができた集団は自分たちの特殊利益のために政策への影響力を行使することが可能になるが、その結果として公共の利益は損なわれる。


元々、多元主義モデルは、ヨーロッパで見られるような階級対立のない、アメリカの利益集団政治を記述するために生まれたものである。第二次世界大戦後の日本も、「一億総中流」とも言われるように、目立った階級対立の存在しない社会であった。そのため、標準的な政治学の教科書においては、階級よりも利益集団の方が重視されている。日本経済団体連合会（経団連）などの経営者団体、日本労働組合総連合会（連合）などの労働団体、日本医師会（日医）などの専門家団体、全国農業協同組合中央会（JA全中）などの農業団体、その他にも無数の利益集団が、中央省庁のある霞が関や、国会のある永田町で活動している。

その一方で、日本の多元主義には独自の特徴がある。すなわち、これらの集団は、それぞれの分野を所管する官庁や、その分野に詳しい与党自民党の族議員と結びつき、「鉄の三角形」を構成してきた。こうした特徴を持つ日本の利益集団政治は、アメリカの多元主義が想定するような利益集団の競争ではなく、各業界の棲み分けから成り立っているという意味で、「仕切られた多元主義」などと呼ばれる。それは同時に、過大な公共事業をはじめとする利益のバラマキを生み、財政状況を悪化させてきたという批判の対象にもなってきた。

この「仕切られた多元主義」は、日本の福祉国家のあり方にも影響を与えたとされている。後述するように、北欧諸国では全国レベルで組織された労働組合と経営者団体の合意を通じて全市民を対象とする普遍主義的な福祉政策の導入が行われたのに対して、日本ではそれぞれの分野に利益団体が棲み分けを行った。それゆえ、各分野の集団に異なる形で便益を提供するという日本の福祉国家の特徴は、この利益集団政治の構造に由来するとも考えられてきた。

しかし、仕切られた多元主義に関する解説は、日本で普遍主義的な福祉国家が成立しなかったことを説明するものではあっても、この仕切られた多元主義の下で組織されている利益が、誰の利益であったかを説明するものではない。一見すると、多元主義の政治過程は、男性にも女性にも開かれている。だが、ジェンダー規範に基づく男女の性別役割分業が比較的明瞭に行われてきた日本のような社会の場合、様々な業界を代表して組織される利益集団は、基本的に、各業界を構成する男性たちによって組織されている。

表3-2 利益集団の指導者の男女比(2018年)

団　体	男性	女性
日本経済団体連合会(経団連)	59人	1人
全国農業協同組合中央会(JA全中)	29人	1人
日本医師会(日医)	13人	1人
日本労働組合総連合会(連合)	40人	21人

出典：各団体ウェブサイトより筆者作成.

表3-2には、著名な利益集団の役員に占める男性と女性の人数を示した。一見して分かるように、構成員のほとんどを男性が占める経団連はもちろんのこと、農業就業人口の半分を女性が占めるJA全中や、女性が医師全体の二割を占める日医においても、役員の圧倒的多数を男性が占めていることが分かる。女性が加盟労働組合構成員の三割を占める連合だけは、役員の男女比が構成員の男女比をおおむね反映しているが、これにはクオータ制によって一三人の女性代表が選ばれているという事情がある。

ここで浮き彫りになるのは、日本の利益集団政治とは、男性の政治家や官僚に対して、男性の利益集団が圧力活動を行う過程だということである。日本の福祉国家が男性稼ぎ主モデルであることの原因を考える上で、この利益集団の男性バイアスを見逃すべきではないだろう。

利益集団と政治制度

もちろん、利益集団の力関係は、そのまま政策に反映されるわけではない。利益集団がどのように政治家や官僚にアクセスし、影響力を行使するかは、政治制度のあり方に大きく左右される。この点については、次の考え方がよく知られている。

【多元主義とコーポラティズム】

多元主義の下では、利益集団が自由に政治家や官僚にアクセスし、政策への影響力をめぐって競争する。これに対して、少数の頂上団体をあらかじめ国家が指定し、それらの団体と政府の間の合意を通じて政策決定を行う仕組みを、コーポラティズムと呼ぶ。多元主義が社会の利益を下から吸い上げる仕組みであるのに対して、コーポラティズムは少数の利益集団の指導部に権力を集中し、上から利害の調整を行う仕組みである。

ある時期まで、政治制度としてのコーポラティズムは、多元主義の限界に対する解決策を提供するものとして注目された。一九七〇年代、先進諸国が石油ショックを通じてインフレーションに見舞われた際には、労働組合と経営者団体が協力して、賃金の抑制と雇用の確保で合意することを可能にする仕組みとして、ヨーロッパ諸国におけるコーポラティズムの研究が進んだ。日本の事例は、政府と財界が強く結びつく一方、労働組合の影響力が限られていたことから、「労働なきコーポラティズム」とも呼ばれた。

コーポラティズムはまた、平等主義的な制度だと言われてきた。この仕組みによって、労働者と経営者は対等な立場でテーブルに着くことができる。特に、北欧諸国のように、労働組合が強力に組織され、コーポラティズムを通じて労使協調を実現した国々で、普遍主義的な福祉国家が発達したことは、ある時期まで、「社会民主主義コーポラティズム」というモデルの優位性を示す根拠となった。

ただ、コーポラティズム論には、ジェンダーの視点はない。確かに、労働組合と経営者団体が対等に交渉できるのは、コーポラティズムの大きな魅力であろう。だが、日本のように男女の性別役割分業が行われている社会では、多くの労働組合も経営者団体も、男性の利益を代表する。女性の利益を何らかの形で反映する仕組みを考えるには、別の制度設計が必要となる。

フェミニズム運動とナショナル・マシーナリー

男女の不平等を是正し、女性の権利を促進する政策を求める上では、フェミニズム運動が大きな役割を果たしてきた。たとえ既存の政党や利益集団が男性に支配されている国でも、女性が自ら運動を組織すると、政策変化が促される。一例を挙げると、ラテンアメリカ諸国における女性に対する暴力への取り組みは、一九九〇年代まで多くのヨーロッパ諸国よりも先進的であった。これは、フェミニズム運動が早い時期から女性への暴力に注目し、地域レベルで連携を進めてきたことに由来するといわれる。

それでは、フェミニズム運動の要求が政策に反映されるのは、いかなる場合か。この問題に関しては、ナショナル・マシーナリー(national machineries)や女性政策部局(women's policy agencies)と呼ばれる組織が注目されてきた。ナショナル・マシーナリーとは、各国におけるジェンダーに関わる政策を統一的な観点から調整することを任務とする行政組織を指す。この種の組織が世界各国に広がる上で、一九七五年にメキシコで第一回国連世界女性会議が開催されたことは重要な契機となった。第2章の女性参政権の事例でも見たように、国際的な規範の伝播を通じて政策変化が促されたからである。日本では、二〇〇一年に設置された内閣府の男女共同参画会議と、その事務局としての男女共同参画局が、ナショナル・マシーナリーに当たる。

こうした組織の機能は、「ジェンダー主流化(gender mainstreaming)」を行うことにある。しばしば、ジェンダーは女性だけに関わる問題として扱われてきた。だが、福祉政策から安全保障政策まで、表向きはジェンダー中立的な政策も、実際には男性と女性に異なる影響をもたらす。ジェンダー主流化とは、女性政策に限らず、あらゆる政策領域においてジェンダーに基づく不平等に注意しながら政策形成を行うことを指す。

ナショナル・マシーナリーの設置がもたらす政策的な影響については、ドロシー・マクブライド・ステットソンとエイミー・マズールらによる国家フェミニズム(state feminism)と呼ばれる考え方が知られている。この議論によれば、強力な権限を持つナショナル・マシーナリーに、フェミニズム運動との繋がりを持つ職員(フェモクラット)が配置されることで、国家の内部から男性優位の政治を変えていく道が開ける。フェミニズム運動だけでは国家を動かす組織力を得ることができないとしても、行政の内部に協力者が存在すれば、政策の男性バイアスを是正できるというのが、国家フェミニズム論の立場である。このような国家と集団の関係は、コーポラティズムとは大きく異なる。強力なナショナル・マシーナリーの事例としては、オーストラリアで一九八二年に首相・内閣府に設置された女性の地位局(OSW)が名高い。

国際比較の観点から見た場合、日本の男女共同参画会議・男女共同参画局の権限は、比較的弱いとされている。後述するように、二〇〇〇年代には「バックラッシュ」と呼ばれる保守派からの政治的な介入も見られた。他方、男女共同参画会議がつくられたことで、伝統的に女性労働者に関わる政策を所管していた厚生労働省に加えて、内閣府においてもフェモクラットの育成が進んできたという議論もある。また、男女共同参画局が毎年発表している『男女共同参画白書』や、数年おきに作られる男女共同参画基本計画を通じて、政策争点としてのジェンダーの認知度は格段に上昇した。

「女性の利益」の多様性

標準的な政治学の教科書においては、フェミニズム運動も含めて、女性運動は滅多に登場しない。それは、教科書が組織力の強い「重要な」利益集団に注目するからであろう。だが、このアプローチでは、女性の利益を代表する集団の組織力がなぜ弱いのかを問う視点が見失われてしまう。ジェンダーの視点から利益集団政治を見た場合、男性が利益集団を支配する理由とは別に、女性の利益を組織することが難しい理由を考えなければならない。

女性運動を論じる際には、どのような女性の運動であるかが常に問題となる。まず、第二波以降のフェミニズムの中でも、既存の社会構造の下での男女の平等な権利の実現を目指すリベラル・フェミニズムと、男性の作り上げた構造自体の転覆を目指すラディカル・フェミニズムの対立はよく知られている。近年では、女性も人種やエスニシティなどの属性によって異なる種類の抑圧に直面すると考えるインターセクショナリティ(intersectionality)の理論に注目が集まっている。他方、主婦の社会運動のように、男女の性別役割分業は認めつつ、単なる消費者とは異なる「生活者」としての地域社会への貢献に役割を見出し、国政における利益集団政治とは距離を置く立場もある。また、より積極的に伝統的な家族を守るべく、保守的な運動に身を投じる女性たちは、伝統的なジェンダー規範を重視する男性と共に、フェミニズム運動を攻撃する側に回る。

少なくとも日本において、女性は男性に比べて多様な条件の下に置かれてきた。図３-２に

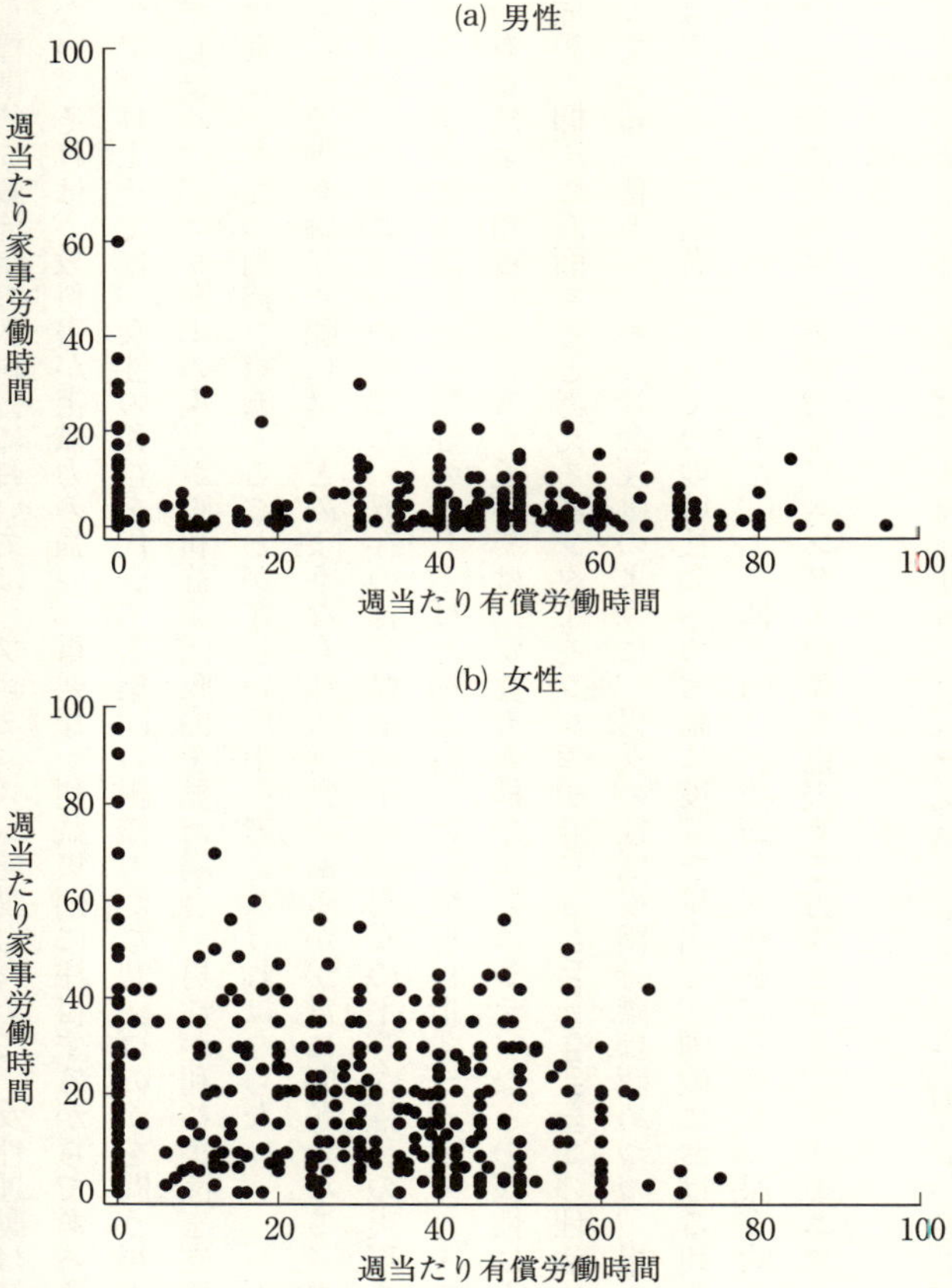

出典：ISSP 2012 より筆者作成.

図 3-2　日本の男性と女性の労働時間（2012 年）

は、国際社会調査プログラム(ISSP)の二〇一二年調査のデータに基づいて、日本の男性と女性の家事労働時間と有償労働時間の分布を示している。散布図上の点は、それぞれの回答者の位置を示している。この図の(a)と(b)を見比べると、男性は週に四〇時間以上働くフルタイム労働者が多く、その家事労働時間は概して短い。これに対して、女性は家事労働時間も、有償労働時間も、非常にばらつきが大きい。図の右下には、家事労働時間が短くフルタイムで働く女性労働者がいる。逆に、図の左上には、パートタイム労働に従事しながら、長時間の家事労働をこなす主婦がいる。分布の右上には、家事や育児という「セカンド・シフト」をこなすフルタイム女性労働者が位置しており、このグループは実に週一〇〇時間近い労働を行っている。その総労働時間は、ほとんどの男性よりも長い。

興味深いことに、日本の事例に見られるような男女の差異は、他の国では、それほど明確に観察されるわけではない。図3-3では、同じISSPのデータを用いて、スウェーデンにおける男女の労働時間を図示した。この図を見ると、男性と女性の労働時間は、有償労働と無償労働とを問わず、比較的均等に分散している。そして、有償労働時間が男女ともに週四〇時間付近に集中しているのは、どちらもフルタイム労働に従事する人が多いことを意味している。

ここには、「鶏が先か卵が先か」という問題がある。日本の女性の利害関心が男性に比べて多様であることは、女性の組織化を妨げ、男性稼ぎ主モデルの福祉国家からの離脱を難しくす

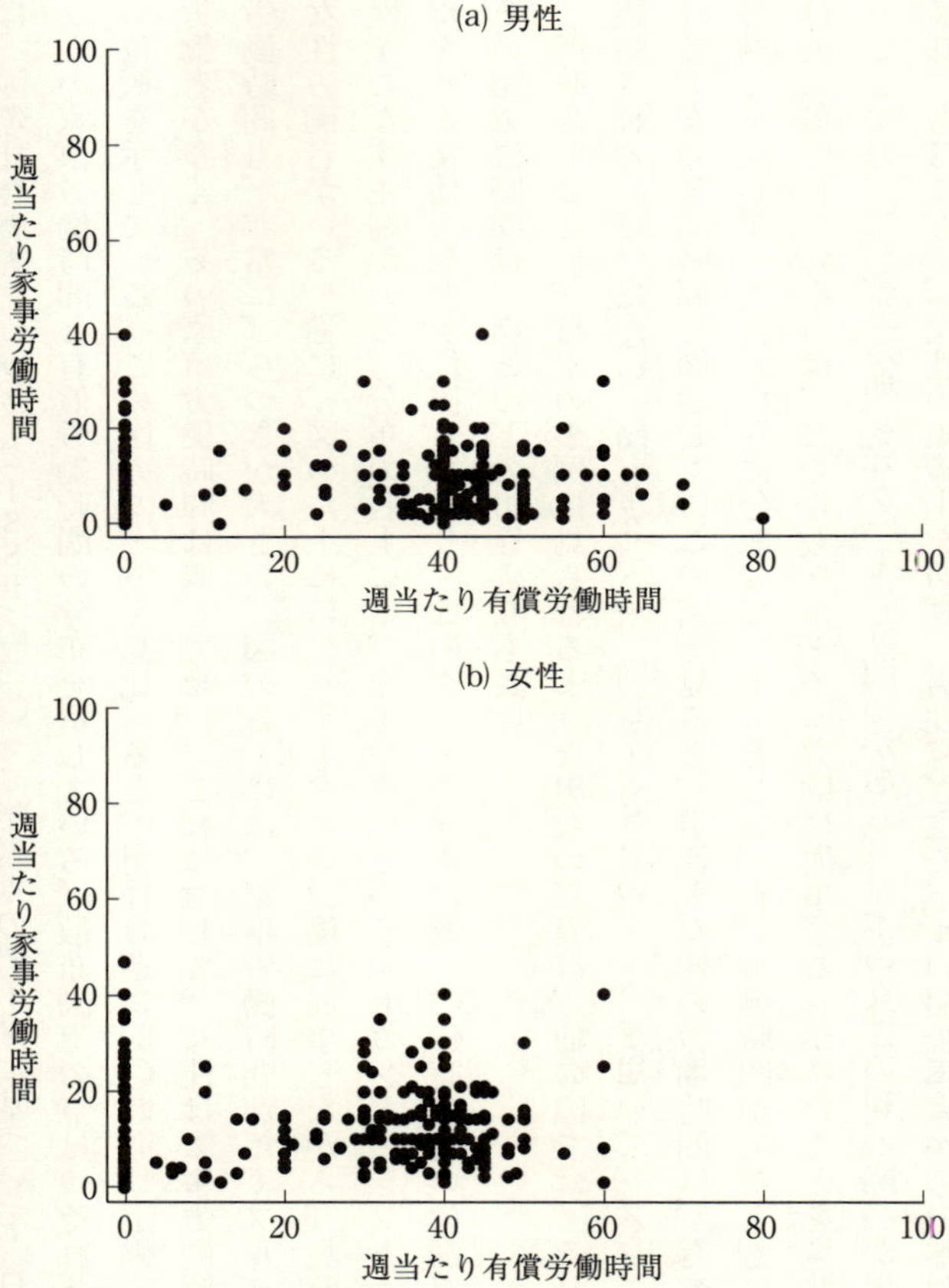

出典：ISSP 2012 より筆者作成.

図 3-3　スウェーデンの男性と女性の労働時間(2012 年)

る。他方、この女性の利害関心の多様性は、男性稼ぎ主モデルの帰結でもある。家事の分担をめぐって男性と女性が交渉する際には、家庭外に収入を得るための選択肢を持つ側が有利になる。男女の不平等を是正しない福祉国家は、男性の交渉力を強めることを通じて、家庭における女性の負担を一層強化する働きを持つのである。

3 福祉国家が変わりにくいのはなぜか

経路依存性

一度作られた政策は、なかなか変わらない。その理由は、政策が利益集団の政治的な力関係を反映して作られるだけでなく、その力関係自体が、政策によって補強されることにある。こうした「政策が政治をつくる」メカニズムは、特に福祉国家において強力にあらわれる。

【福祉国家の経路依存性】

福祉国家は、一度拡大すると縮小しにくい。その理由は、福祉国家の受益者が給付の切り下げに反対するためである。同じように、過去に作られた福祉国家の形態は、たとえ財政状況や政治状況が変化しても、以前のままで持続する。このように、ある時点で選択された福祉政策が後の時代の選択肢の幅を狭めることを、福祉国家の経路依存性と呼ぶ。

一九八〇年代以降、先進諸国では経済成長率が伸び悩み、財政状況が悪化する中で、年金改革や医療制度改革など、福祉国家改革が争点として浮上した。その一方、この時期にはグローバル化の進展にともなって国際競争が激化し、脱工業化が進んだことで、労働者の組織力は弱体化していった。こうした条件の下、「小さな政府」を目指して社会保障給付の削減を主張する新自由主義的な改革論が各国で流行したものの、実際には給付水準の大幅な切り下げが行われた国は少ない。今日の日本においても、福祉政策が特に充実してきているわけでもないが、劇的に後退しているわけでもない。

ここでは、この福祉国家の経路依存性をめぐる議論に、ジェンダーの視点を導入してみよう。すると、日本のような男性稼ぎ主モデルの福祉国家がなぜ持続してきたのかという疑問に対して、ある簡潔な説明が浮かび上がる。それは、男性稼ぎ主モデルの福祉国家が、そのモデルを支える男性と女性を生み出してきたからこそ、そのモデルがこれまで持続してきた、という説明である。例えば、男性稼ぎ主モデルの福祉国家が、サラリーマンと専業主婦からなる家族を優遇すると、その恩恵を受ける家族は、制度を変更することに反対するであろう。逆に、個人モデルの福祉国家では、育児支援を通じて女性の社会進出が活発化し、育児支援に対する需要が一層強まるだろう。

意図せざる帰結を生み出す政策

経路依存性を持つ制度は、その設計が行われる最初の時点では、必ずしも長期的な帰結がはっきりしていない。今日から見れば男性優位をもたらす制度であっても、当初はそうした意図を交えることなく設計されていることが珍しくない。それにもかかわらず、一度定着してしまった制度は、意図せざる結果を生み出し、それを通じて男性優位の社会ができあがることもある。以下、いくつか例を挙げる。

スウェーデンでは、ケアの社会化が進んでいる。その起源は、第二次世界大戦後の経済成長期に労働力不足が生じた際、多くの大陸ヨーロッパ諸国のように移民を受け入れるのではなく、女性の労働参加を促進する道を選択したことにあったと言われる。その結果、女性の社会進出を支援するために、公営の保育サービスや社会福祉サービスが拡大し、そこで雇用された女性労働者が労働組合に組織化されることを通じて、女性の発言力が強まった。これとは対照的に、日本では高度成長期に政府が財政的な事情から公務員数の抑制に乗り出したため、公共部門が女性の社会進出を後押しするという現象は起きなかった。今日では、日本の公務員数は先進国で最低の水準にあり、非正規化も進んでいる。非正規公務員は、一般的な公務員に比べて待遇が遥かに悪く、その大半は女性である。

アメリカでは、雇用における男女差別が早くから禁止された。一九六四年の公民権法の制定過程で、雇用における人種差別の禁止と並んで、性差別の禁止が法案に書き込まれたのである。この修正案を提案した議員の狙いは、男女平等を実現することではなく、法案を一層厳格にすることで法案への反対派を増やし、公民権法そのものを潰すことだったと言われるが、予想に反して公民権法は議会を通過してしまった。ここでは、女性の声が性差別禁止をもたらしたというよりも、性差別を禁止する制度が女性の声を強化したことになる。これに対して、日本で男女雇用機会均等法が制定されたのは一九八五年であり、その後も企業は女性と男性を一般職と総合職に分けるコース別人事によって事実上の男女差別を継続した。

リプロダクティブ・ヘルス/ライツの分野に目を転じると、日本では他の先進国に比べて、経口避妊薬(ピル)の合法化が遅れた。その理由は、第二次世界大戦後の人口政策の一環として、一九四八年の優生保護法(現在の母体保護法)によって人工妊娠中絶が合法化されたことにある。こうして女性の自己決定権とは関係のない論理に基づいて中絶が先に合法化された結果、中絶手術を行うことは産婦人科医の既得権益となり、一九七〇年代に優生保護法改定によって中絶を制限しようとする保守派の動きを封じる原動力となった。他方、産婦人科医は中絶数の減少につながるピルの承認には慎重だったため、その導入は一九九九年まで遅れることになる。アメリカでは、一九六〇年代にピルが普及する一方で、女性の自己決定権に基づいて中絶の権利を擁護する立場と、宗教的な理由から中絶の禁止を求める立場の対立が続いており、日本の政策選択はアメリカと対照的な帰結をもたらした。

日本における所得税の配偶者控除は、一九六一年に制定された当初は、主婦を優遇するのとは別の動機があったと言われる。その始まりは、一九五〇年代末、自民党が自らの支持層である農家と自営業者のために、家族従業員を対象とする控除制度の導入を企てたことにあった。これに対して、大蔵省は税の公平性の観点から給与所得者にも減税策を導入することを考えた。その結果、サラリーマンの所得に対する主婦の「内助の功」を、農家・自営業者における家族従業員の貢献に読み替えることで、配偶者控除制度が導入された。この制度が導入されると、サラリーマンを支持基盤とする社会党などの野党は、制度を廃止するどころか、むしろ制度の拡充を提唱し、それに応じて自民党も制度を拡大していくことになった。

男性稼ぎ主モデルと少子高齢化

現在の日本の福祉国家を見る限り、その男性稼ぎ主モデルの性格が簡単に変わる気配はない。その経路依存性を生み出している要因としては、少子高齢化が大きな役割を果たしている。

男性稼ぎ主モデルの福祉国家では、男性と女性の役割を明確に区分するジェンダー規範に基づいて、家庭における家事・育児・介護を女性に担わせることを前提に、男性の工業労働者を老齢や失業のリスクから守るための所得保障が行われてきた。だが、脱工業化が進み、男性に安定した雇用が供給されなくなる一方、女性の労働参加が拡大してくると、制度が機能しなくなる。専業主婦と子どもを養うだけの所得を得られる男性が減少する一方で、女性にとっては結婚や出産などのライフイベントと同時に労働市場から退出することのリスクが高まるのである。このような、工業社会のリスクとは異なる「新しい社会的リスク」に直面すると、家庭と仕事を両立できる環境が整わない女性は結婚と出産を回避するようになり、少子高齢化が進行する。現役世代が減少し、高齢世代が増加すると、社会保障の財政が圧迫されていく。

こうした問題に直面した政府は、「男女共同参画」や「ジェンダー平等」といった理念への関心とは別に、出生率の回復を図る手段としてケアの社会化を進め、仕事と育児の両立支援を行おうとするかもしれない。ヨーロッパでは、このような経済的な動機に基づく福祉国家の再編戦略は、社会権の保障から人的資本への投資に軸足を移したという意味で、「社会的投資」と呼ばれることもある。日本でも一九九〇年代から各種の少子化対策が講じられてきた。

だが、政策的な変化は鈍い。図3-4には、〇～五歳児の人口と、保育施設の定員の推移を示した。この図を見ると、子どもの数が急激に減少する中で、保育施設の整備は漸進的にしか

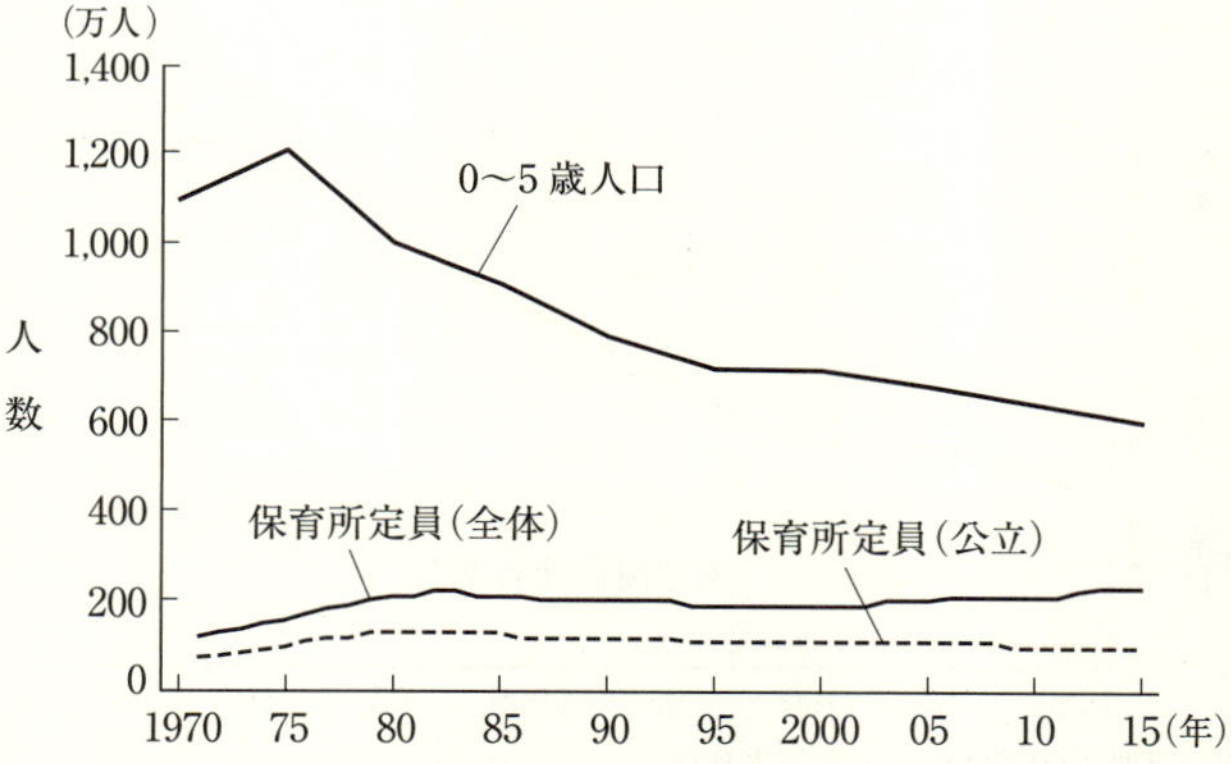

出典：総務省「日本の長期統計系列」，厚生労働省「福祉行政報告例」より筆者作成.

図 3-4　保育所の定員と少子化の進行

進行していない。

ここでは、少子高齢化が、男性稼ぎ主モデルの福祉国家の帰結であるだけでなく、それが持続する原因ともなっている。仕事と育児の両立支援が成功すれば、出生率が上昇した分だけ、両立支援を支持する現役世代の増加をもたらすであろう。逆に、少子化が進行し、高齢者の割合が増加すれば、年金などの高齢者向けの福祉政策に利害関心を持つ層が増える一方で、子育て世代の人数は減少し、ケアを社会化することはますます難しくなる。

つまり、日本は育児支援が充実する前に高齢化が進行し始めたため、政策転換が難しくなっている事例だと考えられる。図3-5には、OECDのデータを用いて、日本の社会保障支出のうち、年金をはじめとする高齢者

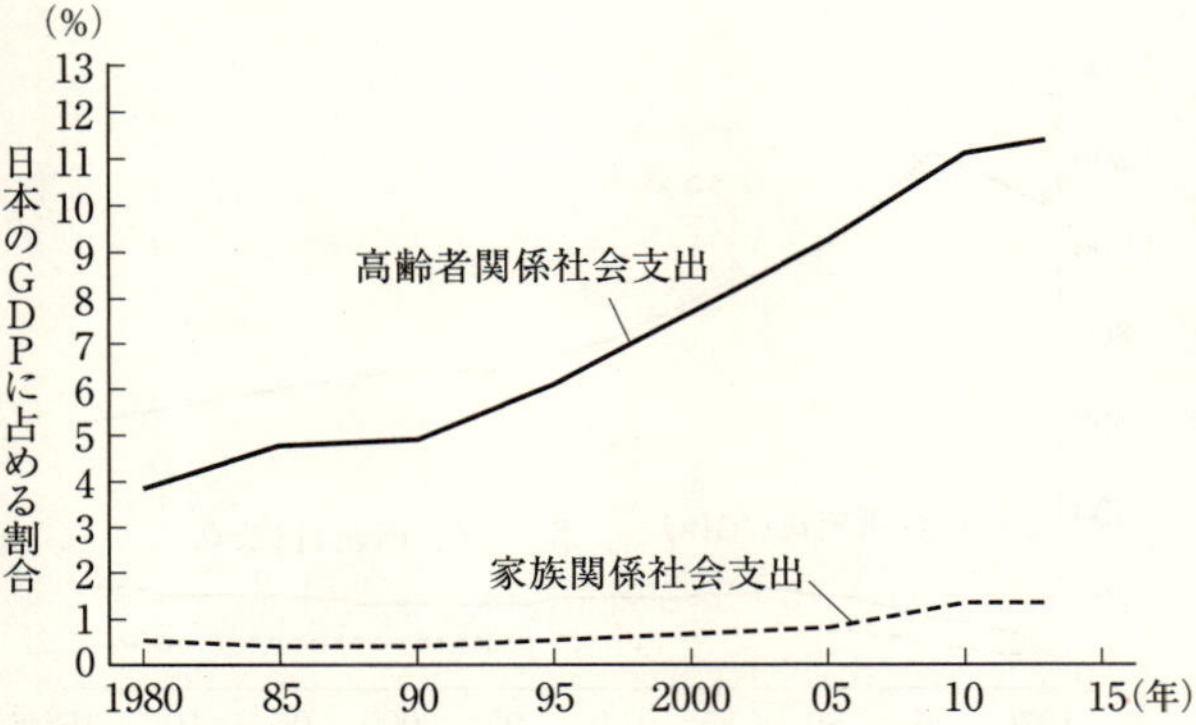

出典：OECD.Stat より筆者作成.

図 3-5　日本の社会保障支出

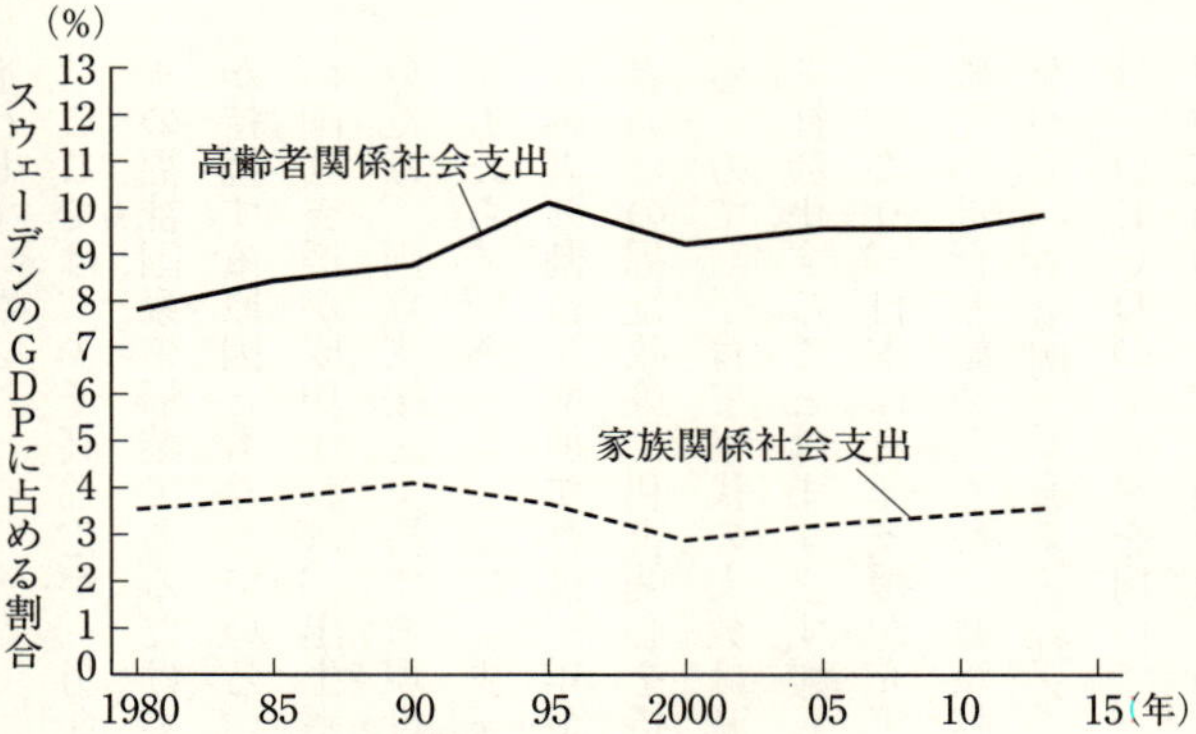

出典：OECD.Stat より筆者作成.

図 3-6　スウェーデンの社会保障支出

向け財政支出と、保育サービスや児童手当などの家族関係社会支出がGDPに占める割合の推移を示した。この図を見ると、日本では高齢者向け支出の急速な上昇が社会保険財政を圧迫する一方で、家族関係支出が伸び悩んでいる。今後高齢者の人数が子育て世代に比べて圧倒的に多くなってくると、家族関係支出の増額へと根本的に舵を切るのは、政治的に困難となるであろう。

これに対して、仕事と育児の両立支援を早い段階で充実させた国では、対照的な結果が表れる。図3-6には、スウェーデンにおける高齢者の年金等の支出と、家族関係支出の動向を示した。スウェーデンにおいては、家族関係支出が一九八〇年代の段階で日本よりも格段に多く、高齢者向け支出も一定の割合で推移している。女性と男性のワークライフバランスを支援する制度が早い段階で整ったことによって、少子化の進行が食い止められていることが、その一因であると考えられる。

この二つの国を比べると、日本の福祉国家の将来性に対しては、やや悲観的な見通しを示さざるを得ない。このまま少子高齢化が進めば、現役世代の減少を通じて一層高齢者の発言力を強める結果をもたらすだろう。少なくとも、日本がスウェーデンの道を歩むことは、難しそうに見える。

だが、他にも道はある。例えば、先進国の中では出生率の高い国として知られるフランスの場合、元々は保守主義的な福祉レジームとしての性格が強かったものの、女性の就労を支援するという方向性だけでなく、様々な家族モデルに対して支援を行う「自由選択」という手法を用いて家族政策を進めてきた。その結果、多様なアクターの合意形成が可能となり、福祉国家の再編を行うことができたと考えられている。

もっとも、既存の福祉国家モデルの再編は、自然に生じてきたわけではない。その再編への道を考えるには政策変化のメカニズムを検討する必要がある。

4 政策の変化はどのようにして生じるか

政治制度とリーダーシップ

日本の政策は変わりにくいというイメージが強い。ある時期まで、日本の政治は「決められない政治」に陥っていると言われていた。首相が従来の政策を変更しようとしても、党内の抵抗や連立与党の反対で潰されてしまう。衆議院と参議院の多数党が異なる「ねじれ国会」の下では、与党内の意見をまとめることに成功しても、参議院で野党の抵抗にあって法案が成立しない。こうした政策の硬直性をもたらす政治制度は、イギリスのウェストミンスター・モデルのような、事実上の一院制の下で単独与党を率いる強力な首相のリーダーシップによって政策が決まる国の制度と対比されてきた。

政策変化に対する制約は、立法過程における制度的な手続きによって生まれる。そうした制度の働きを説明する上では、次の学説が広く知られている。

【拒否権プレイヤー】

政策決定に対する拒否権を行使できる主体の数が多いほど、政策を変更することは難しくなる。このような主体を、一般に「拒否権プレイヤー」と呼ぶ。拒否権プレイヤーは、連立政権を構成する政党のような党派的な拒否権プレイヤーと、二院制における上院や大統領制における執政部のような制度的な拒否権プレイヤーに分けることができる。拒否権プレイヤーの数が増えるほど、政策に反対する側が有利になり、現状が変化しにくくなる。

日本の立法手続きを眺めれば、至るところに拒否権プレイヤーがいる。国会で成立する法案の主流を占める内閣提出法案の場合、各府省内で検討が行われた後、審議会で財界や労働組合などの利益集団との合意形成を経た上で、法律の原案が作成される。他の府省との調整や、政府与党による事前審査などを経て、内閣法制局が他の法律との矛盾や合憲性をチェックし、閣議決定の後、国会に法案が提出される。そして、衆参両院の本会議で可決されなければならない。

政策の硬直性に対する苛立ちは、様々な形で表明されてきた。例えば、日本では公的債務の残高が一〇〇〇兆円を超えており、年間GDPの二倍に達する。このような財政状況は、「仕切られた多元主義」の下で野放図に拡大した公共事業や補助金を削減できなかったことの結果であるとも言われる。また、日本は憲法九条の存在により、かつては外国での戦争に自衛隊を派遣してこなかった。その原因は、憲法改正を進める自民党の方針に野党が反対し、内閣法制局が憲法解釈の変更に抵抗してきたことにあるとされる。現状を変更したい立場から見れば、日本の政治は厄介な制度的構造を持っていた。

その一方で、一九九〇年代以降の日本では、首相のリーダーシップを強化するための政治改革・行政改革が実施されてきた。これらの改革は、拒否権プレイヤーの数を減らし、首相の意図に従って政策を変更することを容易にすると予想された。一九九四年の選挙制度改革によって衆議院の選挙制度が中選挙区制から小選挙区比例代表並立制に改められたことで、公認権を握る党首が党内を統制しやすくなり、二〇〇一年の省庁再編によって内閣官房の強化と内閣府の設置が行われたことで、各省に対する内閣のコントロールも強まった。

首相の権力の強化を通じて、二〇〇一年に誕生した小泉純一郎政権の下では「聖域なき構造改革」としての歳出削減や郵政民営化が行われた。二〇一二年の第二次安倍晋三政権では、日本銀行に大幅な金融緩和を求める「アベノミクス」や、集団的自衛権の行使を認める憲法解釈の変更が行われるなど、大きな政策変化が生じたとされている。

だが、ジェンダーの視点から見た場合、日本の立法過程の問題とは、拒否権プレイヤーが多いことではなく、その性別が男性に偏っていることにある。このことを考慮すれば、首相のリーダーシップに注目するアプローチだけでは、多くのものが見落とされる。特に、一九九〇年代以降の日本で生じてきた様々な政策変化の中には、男女の不平等を是正し、女性の社会進出を支援し、女性の権利を守るようなものも少なくない。少しずつではあるが、フェミニズム運動の要求は政策に反映され、世の中を変えてきている。そのような変化は、首相によるリーダーシップとは異なるメカニズムで生じてきた。

外圧と国際的な規範の伝播

日本における男女平等に向けた政策変化を説明する上で、外圧を避けて通ることはできない。標準的な政治学の教科書における日本政治の解説において、「外圧」という言葉は一九八〇年代の日米貿易摩擦を中心とするアメリカからの経済的な圧力として扱われることが多いが、ジェンダーの視点から見た場合の外圧は、アメリカではなく国際社会からの規範の伝播として描かれる。

例えば、前述したように、日本におけるナショナル・マシーナリーの設置は、外圧の影響を受けた事例として知られている。一九七五年の第一回国連世界女性会議で発表された世界行動計画は、ナショナル・マシーナリーの設置を各国に勧告した。この会議に合わせて総理府に婦人問題企画推進本部が設置され、その事務局として婦人問題担当室、諮問機関として婦人問題企画推進会議が設けられた。これらの組織は閣議決定によって設置されたため、法的根拠を持たず、影響力は弱かったが、その一〇年後に再び変化が起きる。

一九八五年にナイロビで開催された第三回国連世界女性会議において、改めてナショナル・マシーナリーの強化が提唱されると、対応する取り組みが日本でも進められ、「ジェンダー平等(gender equality)」の訳語としての「男女共同参画」という言葉も生まれた。一九九四年には政令によって男女共同参画審議会と男女共同参画室が設置され、男女平等政策の推進体制が強化された。一九九五年に北京で第四回国連世界女性会議が開催されたのを受けて、一九九九年には男女共同参画社会基本法が定められ、翌年には男女共同参画基本計画が発表された。そして、二〇〇一年の省庁再編で誕生した内閣府に、男女共同参画会議と男女共同参画局が設置された。こうして、日本におけるナショナル・マシーナリーが法律上の根拠を得ることになった。

もう一つの事例として有名なのは、男女雇用機会均等法であろう。一九七九年に女性差別撤廃条約が国連で採択されると、翌年にコペンハーゲンで開かれた第二回国連世界女性会議で各国が署名する運びとなった。この条約に署名すると、それを批准するために、国内における女性差別的な法律を改正しなければならない。このため、日本政府は当初その署名に消極的だったが、この事実を知った国内の女性団体や女性官僚の働きかけに押されて政府の方針が転換し、条約への署名が行われた。その後、国内における調整を経て一九八五年に男女雇用機会均等法が制定され、企業はその採用において明示的な女性差別を行うことが禁止されることになった。

政策の窓

ここまで見てきた変化が外から生じたのに対して、一九九〇年代には国内からの変化も生じた。その変化は、「政策の窓」と呼ばれるメカニズムによって説明されてきた。このメカニズムは、一般的には次のように紹介される。

【政策の窓】

政策決定の対象となる争点、すなわちアジェンダが設定される過程では、三つの別々の「流れ」が合流する必要がある。政策的な対応を必要とする問題が浮上する「問題の流れ」、政治情勢の変化が生じる「政治の流れ」、そして政策案が作られる「政策の流れ」である。

政策案は、何か問題が生じたり、政治的な変化が起きたりした後に作られるわけではない。むしろ、多くの政策案は、先に作られたまま、忘れられてしまう。メディアが特定の社会問題を報道したり、劇的な政権交代が起きたりすることで初めて、それまで陽の目を見なかった政策案が取り上げられる機会が訪れ、アジェンダが設定される。この新たな機会のことを、「政策の窓」と呼ぶ。

このモデルが示唆するところは、拒否権プレイヤー理論とは大きく異なる。拒否権プレイヤー理論では、利害関係者の数が増えるほど政策変化が生じにくくなるのに対して、このモデルではむしろ新たな利害関係者が登場し、問題が提起されることで、それまで埋もれていた政策案が立法過程で浮上する。両者の違いは、二つの理論が政策過程の異なるフェイズを扱っていることと関係がある。拒否権プレイヤー理論においては、すでに争点が設定され、利害関係者の立場が明確になっているような局面が想定されている。これに対して、政策の窓モデルにおいては、争点が設定されておらず、利害関係者の立場も明確になっていない段階が扱われている。

ジェンダーの視点から日本政治を分析する場合、この政策の窓モデルは大きな役割を果たす。その理由は、女性の利益に関わる政策の多くが、そもそも政策争点となってこなかったからである。そのような政策に関しては、もともと研究者やフェミニズム運動の当事者の間では議論が進んでいたとしても、行政側では検討を行っておらず、政党の立場も明確になっていないことが多い。その場合には、何らかの出来事をきっかけに、党派を超えた議員の協力により、時には中央省庁や政党における手続きを迂回して、法案を通すことが可能になる。

例えば、一九九〇年六月の「一・五七ショック」は、多くの人々の注目を集め、政策変化を引き起こした事例として知られる。この事例では、厚生省が発表した人口動態統計において、前年の日本の合計特殊出生率が一九六六年の「丙午《ひのえうま》」の年を下回って過去最低となったことから、少子化の進行が問題として認識された。その結果、一九九二年には労働者に育児休業の権利を認める育児休業法が制定され、一九九四年には育児サービスを拡充するエンゼルプランが策定された。

また、一九九三年の自民党の下野と細川護熙内閣の成立を境に、日本ではたびたび連立政権の組み替えが起きるようになった。その際、新たな政治勢力が参入することで、従来は選択されなかった政策が選択される余地が生まれた。こうした変化は、拒否権プレイヤーの数を増やすことで政策変化を妨げたのではなく、むしろ政策の窓を開くことを通じて、政策過程に新たなアジェンダが登場することを可能としたのである。一九九四年に非自民政権が退場し、自民党・社会党・さきがけの連立政権が発足したことは、介護保険法の成立の契機となった。一九九八年の参議院選挙を境に自民党が連立相手を組み替え、公明党が政権に参画すると、児童手当の拡充が図られた。

一九九〇年代以降に進展した女性の利益に関わる政策の中には、議員立法を通じて実現したものも多い。議員立法とは、個別の議員が、衆議院法制局や参議院法制局といった立法補佐機関の支援を得ながら、自ら法案を作成し、審議し、可決する手続きである。議院内閣制の国である日本においては、内閣提出法案が主流である以上、議員立法は例外的な仕組みとして位置付けられやすいが、女性の利益に関わる政策変更が行われる際には、議員立法という仕組みは重要な役割を果たしてきた。一九九六年の母体保護法、一九九九年の児童買春・児童ポルノ禁止法、二〇〇〇年の児童虐待防止法、二〇〇一年のDV防止法などは、いずれも議員立法によって成立した事例として知られている。議員立法の最近の事例として注目を集めたのは、二〇一八年に成立した候補者男女均等法であろう。この事例については、次の第4章で再び触れることにしたい。

このように、ジェンダーの視点を取り入れた場合、従来とは大きく異なる日本政治の姿が現れる。そこでは、首相のリーダーシップは大きな役割を果たさない。むしろ、男女の不平等に取り組むための様々な政策は、政策過程の周辺で、政党間の明確な対立軸となることなく争点化し、導入されてきたといえよう。

男性のリーダーシップの限界

ジェンダーの視点から見た場合、日本における首相のリーダーシップとは、男性のリーダーシップである。男性の首相が男女の不平等への取り組みを語る時には、往々にして、それ自体が目的となるわけではなく、別の目的を実現するための手段として政策が浮上する。すでに見たように、一九九〇年代以降に開始された仕事と家庭の両立支援も、一・五七ショックを契機とする少子化対策の手段であった。

二〇〇一年に成立した小泉政権では、女性の社会進出が「聖域なき構造改革」の一環として議論され、男女共同参画会議でも、仕事と子育ての両立支援や、多様な働き方の実現が目標として論じられた。だが、これらの例は小泉政権の男女平等志向を示すものではない。むしろ、雇用の規制緩和を進める中で、男性稼ぎ主の雇用に依存した家族形態では経済的なリスクが高まるという観点から、夫婦共働きの家族形態への移行を促すというのが、基本的な流れであったと言われる。この時期には、派遣労働の規制緩和とともに、保育サービスにおける規制緩和や民間委託の導入も進められた。このような政策は、脱商品化と脱家族化を共に実現する個人モデルの福祉国家を目指す構想とは、大きく異なっていた。

そもそも、小泉首相自身は、男女の不平等という問題への関心が薄く、積極的なリーダーシップを行使したわけではなかった。その結果、二〇〇二年頃からは「バックラッシュ」の時期が始まった。その動きは、地方自治体における男女共同参画条例に対する批判などの形で草の根の運動として生じた後、中央政界に波及した。とりわけ中心的なターゲットとなったのは、ジェンダーフリー教育と呼ばれる、性別役割分業観を批判的に捉える教育手法である。そして、性教育などの「行き過ぎ」を批判する保守派の議員を中心に、男女共同参画会議への圧力が加えられた結果、二〇〇五年の第二次男女共同参画基本計画にはジェンダーフリーという概念を否定する記述が書き込まれた。

二〇一二年に成立した第二次安倍晋三政権では、「男女共同参画」に代わるスローガンとして「女性活用」や「女性活躍」が提唱され、行政組織や企業による女性の登用が促された。安倍は、二〇〇〇年代にバックラッシュを主導した政治家の一人であり、その政策は男女平等志向に基づくものではない。むしろ、女性の登用は、経済成長を目標とする「アベノミクス」における成長戦略の手段として位置付けられている。男性稼ぎ主モデルの動揺にともなう女性の貧困の顕在化ではなく、管理職層への女性の進出に焦点が当たった理由もそこにある。二〇一五年に安全保障法制をめぐって内閣支持率が一時的に低下した後は、「一億総活躍社会の実現」が新たな目標として掲げられ、その一環として「夢をつむぐ子育て支援」が始まった。そこでは「希望出生率一・八」という数値目標が掲げられ、それが少子化対策の手段だということが明示されている。

男性のリーダーシップに以上のような限界があるのだとしたら、女性のリーダーシップが発揮されることが男女平等に向けた政策変化への道を開くことになるだろう。拒否権プレイヤーに満ちた政策過程を迂回し、政策変化をもたらす上では、これまで数々の女性リーダーたちが道を切り開いてきた。次の章では、そうした主体が出現する条件について検討する。

第4章　誰が、どのように「政治家」になるのか

1　日本政治の二つの見方

「八六年体制」と「マドンナ・ブーム」

一九八六年、日本の政治家たちの関心は、七月に予定されていた参議院選挙に合わせて衆議院の解散・総選挙が行われるかどうかに集まっていた。衆議院と参議院の選挙を同時に行う衆参同日選は与党の自民党に有利となると言われており、中曽根康弘首相も意欲を見せていた。その一方で、参議院選挙に合わせる形で衆議院を解散するのは、国会の日程上は難しいと見られていた。五月九日、中曽根が解散見送りを表明すると、同日選のシナリオは消えたという見通しがマスメディアでは有力となった。

だが、中曽根は諦めていなかった。自民党内の反対を押し切って六月二日に臨時国会を召集し、その冒頭で衆議院を解散したのである。この「死んだふり解散」とも呼ばれた解散によって、六月二一日に総選挙が公示され、七月六日に衆参同日選の投票が行われた結果、自民党は衆議院で三〇〇議席を獲得する空前の大勝を収めた。この選挙は、一九七〇年代の「保革伯仲」から一九八〇年代の「保守復調」への流れを決定的に印象付けるものであり、中曽根は自民党と社会党が競り合う「五五年体制」に代わって「八六年体制」が成立したことを宣言した。

今日、この八六年体制という言葉を記憶している人は、ほとんどいないだろう。それから七年後の一九九三年、自民党は東京佐川急便事件を発端とする党内抗争から大規模な分裂を引き起こし、結党三八年にして初めて下野したからである。五五年体制の終焉といえば、一般的にはこの歴史的な政権交代を指す。

だが、一九八六年の衆参同日選は、別の意味で日本の議会政治における転換点となった。この選挙で惨敗した社会党では、石橋政嗣委員長が退任し、副委員長の土井たか子が後任に選出された。ここに、日本の議会政党では初めてとなる女性党首が誕生したのである。土井の率いる社会党は、三年後の一九八九年の参議院選挙で大量の女性候補者を擁立して自民党を破り、一躍「マドンナ・ブーム」を引き起こした。この選挙以後、日本の国会では長らく低迷していた女性議員数が少しずつ増え始めた。

このエピソードからは、ある重要な教訓を引き出すことができる。それは、代議制民主主義の下で男性と女性が平等に代表されるためには、まず女性を男性と同じように選挙の候補者として擁立しなければならないということである。選挙で投票を行う際、有権者はあくまで候補者の中から選択を行うにすぎない。その意味で、候補者を擁立する政党の戦略は、男性と女性がどのように政治的に代表されるかを大きく左右する。この章では、民主国家における選挙の仕組みについて考える。

自民党支配と男性支配

代議制民主主義の下では、選挙によって選ばれた市民の代表者が政策決定を行う。そうだとすれば、選挙結果を評価する上で重要なのは、当選した政治家たちが市民を適切に代表しているかどうかであろう。ところが、選挙の際に何かと注目が集まるのは、政党の勝敗である。標準的な政治学の教科書では、次のような政党についての解説が行われる。

【政党と政党システム】

今日の民主国家では、政党による政治が行われている。政党とは選挙への参加を通じて政権の獲得や政策の実現を目指す集団であり、ほぼすべての政治家が何らかの政党に所属している。政党は選挙を通じて他の政党と競争しており、その相互作用のパターンを政党システムと呼ぶ。二大政党制の国では議員の大半が二つの政党に分かれて議席を争い、多数党が単独で内閣を結成する。多党制の国では様々な政党が競争し、連立政権が成立することが多い。日本の政党システムは、ほぼ常に自民党が他の政党に比べて圧倒的に多くの議席を占め、その総裁が首相となることから、一党優位政党制と呼ばれている。

ある時期まで、政党システムは政治体制の安定性を左右すると考えられていた。戦間期のドイツやイタリアで多党制の行き詰まりからファシズムが誕生したことを念頭に、イギリスやアメリカのような二大政党制の方が望ましいと考える議論もあれば、戦後のオランダやベルギーの安定を念頭に、民族や宗教によって市民が分断された社会では多党制の方が望ましいと考える議論もあった。

これに対して、近年では統治の質に与える影響に基づいて政党システムを比較することも多い。例えば、二大政党制の下では単独政権が成立しやすいため、責任の所在が明確となり、政権交代を通じて指導者の答責性を確保しやすいという説がある。一方で、多党制の下では様々な政党が政権に参画するため、多くの有権者の意見を政策に反映するのに向いているという説もある。

日本の一党優位政党制は、おおむね過半数の議席を占める自民党に、複数の野党が対抗する図式である。一九五五年に成立した自民党に、野党第一党の社会党が対抗する構図は、「五五年体制」と呼ばれていた。一九九三年の総選挙で自民党が一時的に下野し、非自民政党の離合集散が繰り返される中で、公明党が自民党との連立を組むのが常態となる一方、社会党に代わって新進党、さらには民主党が最大野党として浮上した。民主党は二〇〇九年の総選挙で自民

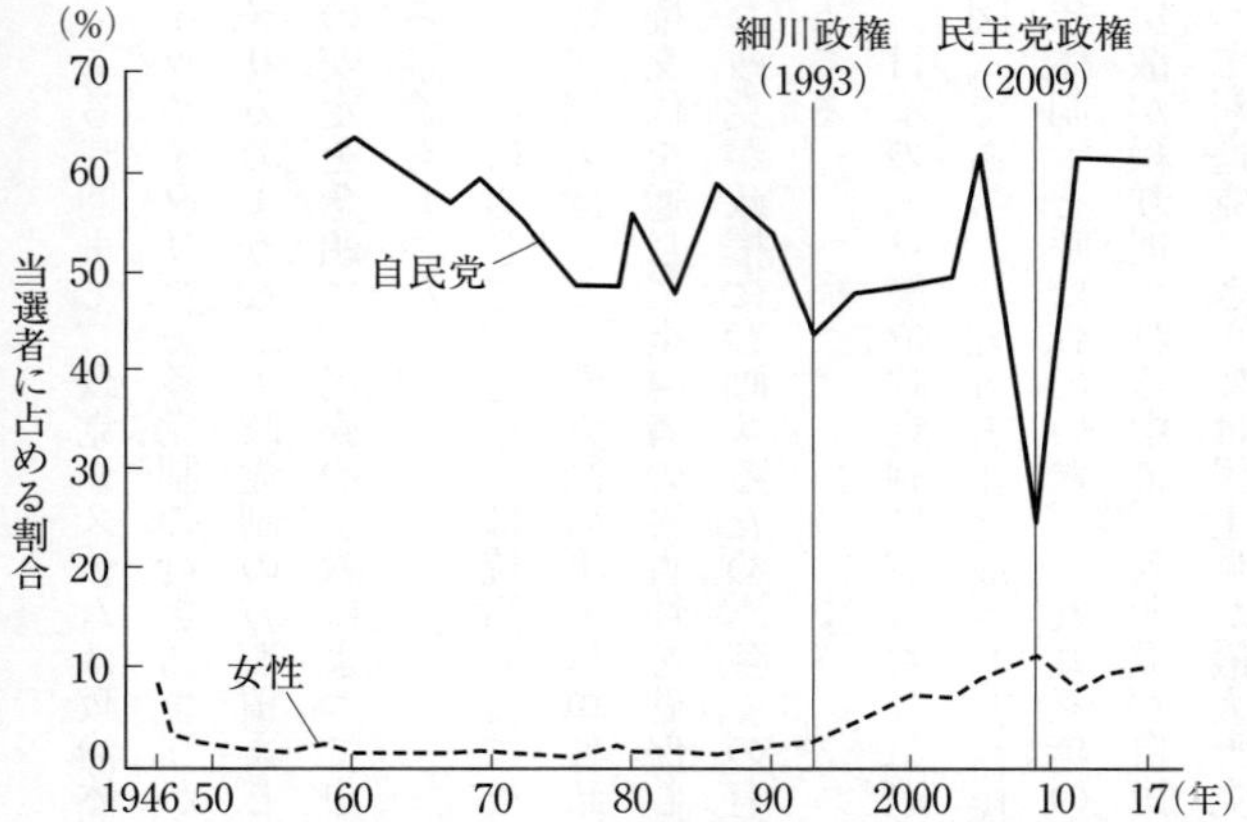

出典：総務省「衆議院議員総選挙・最高裁判所裁判官国民審査結果調」より筆者作成.

図 4-1　総選挙の当選者に占める自民党候補者と女性の割合

党を破って政権を獲得したが、二〇一二年の自民党の政権復帰以後は分裂し、今日では多数の野党が乱立している。

このような日本の政党システムの下では、保守政党である自民党の優位により、左派的な政策を持つ有権者の意見は政策に反映されにくかったとも言われる。他方、自民党内では派閥が強い影響力を持ち、党としての一体性が低かったため、責任の所在が不明確となり、答責性が確保されなかったという議論もある。

しかし、自民党支配に目を奪われるあまり、日本政治のもう一つの特徴を見落としてはならない。それは、政治家の大半を男性が占めていることである。日本の歴代首相は全員が男性であり、閣僚もほとんどが男性である。図4-1では、この日本政治の二つの側面を視覚化した。ここには、戦後日本の総選挙の当選者に占める自民党候補者の割合と、女性候補者の割合の推移が示されている。この図を見ると、自民党が政権を失った一九九三年と二〇〇九年の総選挙も含めて、女性の当選者の割合は一貫して低く、一九九〇年頃から少しずつ増えてきたにすぎない。男性支配は、自民党に限った現象ではないことが分かる。

男性議員と女性議員の政策の違い

ジェンダーの視点から眺めると、自民党政権に対する評価は従来とは違ったものになるだろう。例えば、一九八〇年代以前の自民党政権の立場はしばしば「中道保守」と形容され、幅広い層の意見を政策に反映していたという意味で、中曽根内閣以降の「右傾化」と対比されることがある。だが、ジェンダーの視点から見た場合、この穏健なはずの自民党を支配していたのは、高齢の男性政治家たちであった。彼らの間で、家族政策などを通じて女性の社会的地位を向上させることへの関心は弱かった。この角度から見れば、日本では女性の意見が代表されにくい政治が行われてきたことになる。

それでは、女性議員の数が少ないことで、実際に女性の意見は代表されにくくなっているのだろうか。この問題に答えるための最も単純な方法としては、男性議員と女性議員の政策的な

表4-1　有権者と政治家の政策態度の比較(2014年)

質問：次に挙げる意見について，あなたは賛成ですか，それとも反対ですか．
「日本の防衛力はもっと強化すべきだ」

	有権者			政治家		
	(a) 男性	(b) 女性	(b)-(a) 男女差	(c) 男性	(d) 女性	(d)-(c) 男女差
1. 賛成	187	118		160	13	
2. どちらかと言えば賛成	202	190		150	8	
3. どちらとも言えない	137	237		74	12	
4. どちらかと言えば反対	61	61		9	3	
5. 反対	37	48		22	8	
平均値	2.29	2.59	**0.30**	2.00	2.66	**0.66**

出典：東大朝日調査(2014年衆院選世論調査・2014年衆院選候補者調査)より筆者作成.

立場を、男性有権者と女性有権者の政策的な立場と照合するアプローチがある。

まず一例として、日本の安全保障をテーマに、この問題を考えてみよう。表4-1には、二〇一四年総選挙に際して行われた東京大学谷口研究室・朝日新聞社共同調査(東大朝日調査)のデータを用いて、日本の防衛力を強化すべきかどうかについての質問項目に対する有権者(投票者)と政治家(当選者)の回答の分布を示した。各行には選択肢ごとの男女別の回答者数が、一番下の行には、回答を1(賛成)から5(反対)までの五段階で数値化した平均値が示されている。この数値が大きいほど、反対派の割合が高い。それを有権者と政治家の双方について男女別に比較することで、男性と女性の政策的な立ち位置の違いが分かる。

この質問項目に対する回答の内訳を見ると、男性の方が女性に比べて、防衛力強化に賛成する回答者の割合が高い。この傾向は、有権者と政治家の双方で表れている。男性の政治家の立場(2.00)は男性の有権者の立場(2.29)に近く、女性の政治家の立場(2.66)は女性の有権者の立場(2.59)に近い。ジェンダーに基づく政策的関心の違いが、有権者と政治家に共通して表れているといえよう。

もちろん、この結果は、日本の防衛力について尋ねた項目で偶然生じたにすぎない可能性もある。そこで、図４-２では、この調査で政策への賛否を尋ねたすべての質問項目に関して、同じ分析を行った。図の横軸は、女性の有権者の回答の平均値から男性の有権者の回答の平均値を引いた数値であり、右に行くほど男性有権者の方が女性有権者に比べて賛成の割合が高い。縦軸は、同様の数値を政治家について集計したものであり、上に行くほど男性政治家の方が女性政治家に比べて質問に賛成の割合が高い。全部で一七個ある質問項目のうち、①は先ほど取り上げたものであることから、有権者の男女差(0.30)と政治家の男女差(0.66)は表４-１と一致している。この図の右上と左下は、男女の政策志向の違いが有権者と政治家で一致する領域であり、一七項目中一五項目がこの二つの領域に位置している。これに対して、図の右下と左上は、有権者の間での男女の意見の違いが政治家の間での男女の意見の違いに反映されていない領域であり、ここには二項目が位置するにすぎない。全体として見ると、ほとんどの項目が、

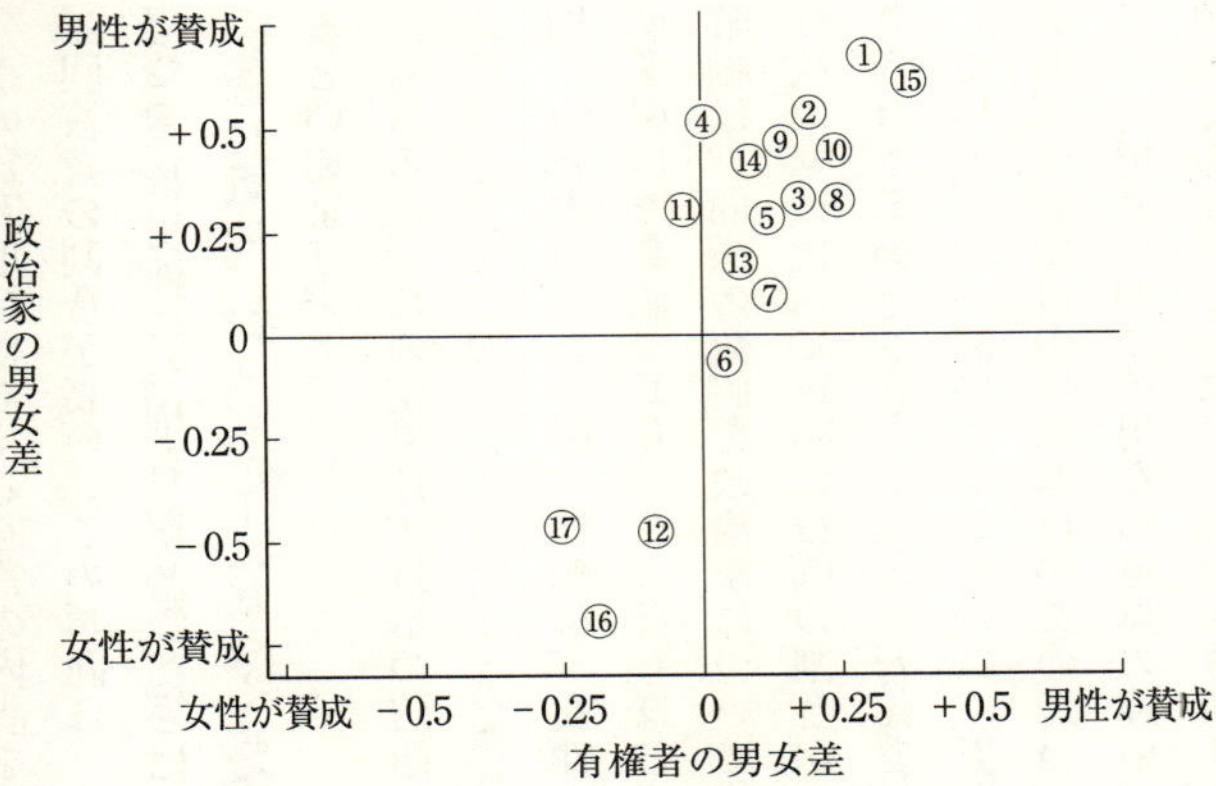

質問項目

①日本の防衛力はもっと強化すべきだ
②他国からの攻撃が予想される場合には先制攻撃もためらうべきではない
③北朝鮮に対しては対話よりも圧力を優先すべきだ
④首相には靖国神社に参拝してほしい
⑤社会福祉など政府のサービスが悪くなっても，お金のかからない小さな政府の方が良い
⑥公共事業による雇用確保は必要だ
⑦当面は財政再建のために歳出を抑えるのではなく，景気対策のために財政出動を行うべきだ
⑧長期的には消費税率が10% よりも高くなるのはやむをえない
⑨企業が納めている法人税率を引き下げるべきだ
⑩日本でもカジノを解禁すべきだ
⑪治安を守るためにプライバシーや個人の権利が制約されるのは当然だ
⑫永住外国人の地方参政権を認めるべきだ
⑬外国人労働者の受け入れを進めるべきだ
⑭道徳教育をもっと充実させるべきだ
⑮原子力規制委員会の審査に合格した原子力発電所は運転を再開すべきだ
⑯夫婦が望む場合には，結婚後も夫婦がそれぞれ結婚前の名字を称することを，法律で認めるべきだ
⑰より高い地位や良い職業に就く女性を増やすため，政府は特別な制度を設けるべきだ

出典：東大朝日調査(2014 年衆院選世論調査・2014 年衆院選候補者調査)より筆者作成.

図 4-2　総選挙における有権者と政治家の立場(2014 年)

有権者と政治家の双方で男性の賛成する割合が女性に比べて高い、右上の領域に位置している。

このように、男性議員と女性議員の意見は、男性有権者と女性有権者の意見に対応している。従って、女性議員の少ない日本では、男性有権者と女性有権者の意見が分かれる項目では、女性有権者の意見は代表されにくいと考えられる。さらに、男性が参加者の多数を占める集団では女性は意見を言いにくいことを考えると、日本の女性議員の影響力は、その数に比べても弱いのかもしれない。第1章で紹介したクリティカル・マス理論に従えば、女性議員の数が一定の水準、例えば三〇％程度に到達して初めて、女性議員は本来の力を発揮することができるようになり、男性議員と対等に意見を言えるようになる。

クリティカル・マスからクリティカル・アクターへ

このように議員の男女比の不均衡を是正することを推奨する議論に対しては、常に保守派から反発が生じる。議員は性別に関わりなく能力に基づいて選ばれるべきだとする批判が行われるのはもちろん、女性は政治に向いていないという偏見も根強い。このため、近年では様々な国で女性議員の参入がもたらす影響の大きさを測定する研究が進められてきた。中でも、インドでは一九九三年の憲法改正で地方議会の議席の三分の一を無作為に女性に割り当てるようになったため、女性議員の参入の効果を確かめるための自然実験として様々な研究の対象になっている。例えば、村議会の議長が女性になった村では、そうでない村に比べて、女子児童の教育水準と職業志向が上昇し、女性のニーズに応える政策が導入されたという知見は広く知られている。他の国でも、女性議員は女性の意見を代表し、女性にロールモデルを提供しているという結果が出ることが多い。これは、後述するジェンダー・クオータの導入を支持する知見として見ることもできよう。議会における男女比の偏りを是正する制度は、政治における男女の不平等の背景にあるジェンダー規範をも変化させる可能性を持っているのである。

より広い角度から見ると、この女性議員の能力という論点が浮上したこと自体、男性の視点が見落としていた問題を浮き彫りにする。なぜなら、標準的な政治学の教科書には、政治家の能力に関する記述がほとんど存在しない。世襲議員の能力は、そうでない議員に比べて高いのだろうか。官僚出身の議員の能力は、そうでない議員に比べて高いのだろうか。政治家が男性ばかりである間は、こうした問い自体が立てられてこなかったのである。

興味深いことに、近年ではフェミニズムの側からも、クリティカル・マス理論には不十分な点があるという議論が提起されている。女性議員の割合が三〇%を超える国が増える中で、それだけでは男女の不平等を是正する政策は選択されないことが明らかになってきた。むしろ、個別の局面では、他の女性たちを巻き込み、立法活動を推進する能力を持った「クリティカル・アクター」と呼ばれる議員が鍵を握るのだという。一九九〇年代以降の日本で男女の不平

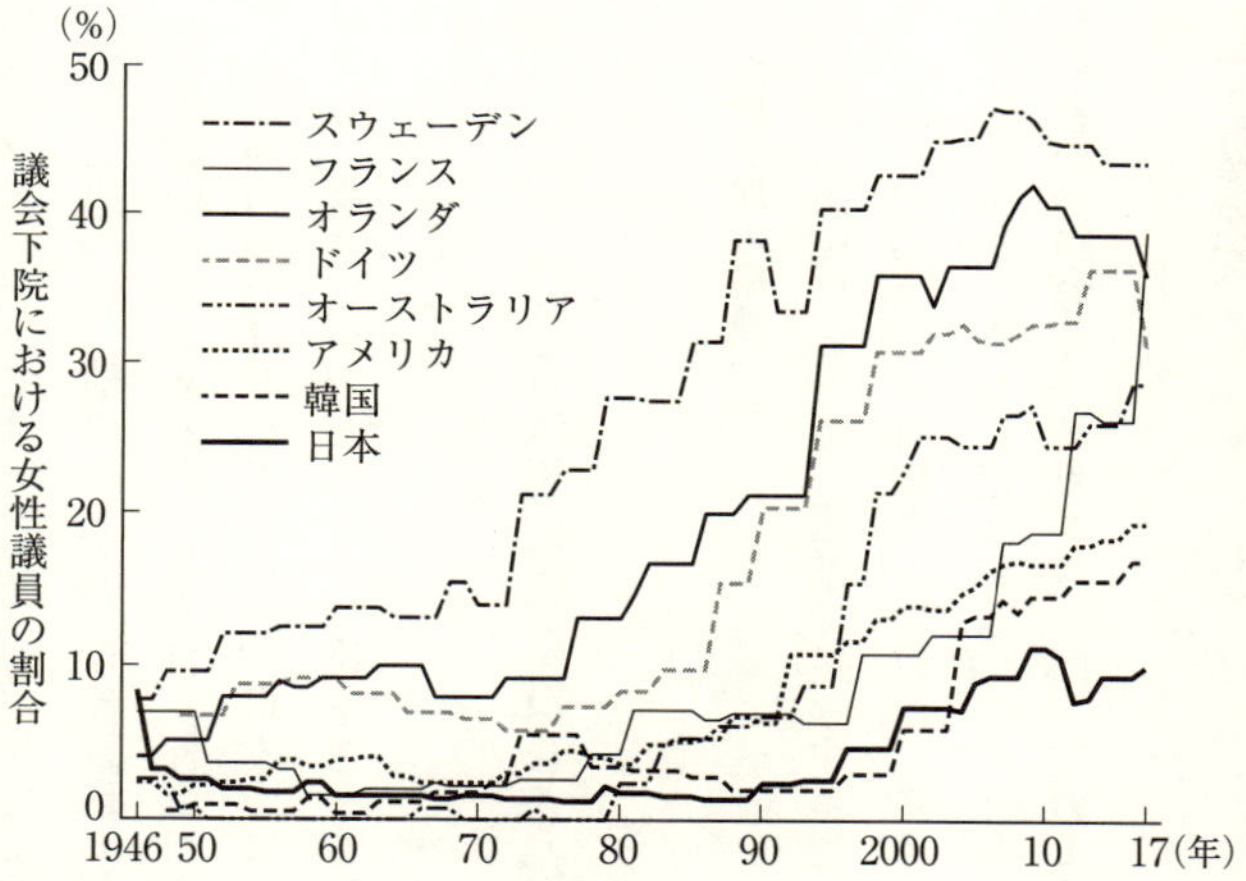

出典：V-Dem Version 9 より筆者作成.

図 4-3　先進諸国における女性議員の進出

等に取り組む政策が作られるようになってきたのも、数少ない女性議員のリーダーシップが大きな役割を果たしたからだと言われている。

日本における男性支配の持続

このように、女性が政策に影響を与えるかどうかという一般的な問いではなく、どのような女性が、いかにして男性支配を変えていくのかという個別的な問いに関して議論が行われるようになったことは、今日の世界における女性議員の進出を反映しているといえよう。図4-3では、いくつかの先進国における女性議員の割合の歴史的な推移を示した。この図の中で最も女性議員の割合が高く、男女平等の国として知られるスウェーデンでは、一九八〇年代に女性議員の割合が三〇%を突破し、二〇〇〇年代には五〇%に迫った。他の国々も、女性議員の割合は過去数十年で大きく増加している。

この動向を踏まえると、日本は女性議員の比率が低い水準にとどまっている例外的な事例である。他の国では進んだ変化が、日本では生じなかったのはなぜなのか。この問題に答えるためには、選挙結果がどのように決まるかを検討しなければならない。

2　有権者は誰に票を投じるか

投票参加の格差

多くの市民にとって、選挙で投票することは政治に参加する唯一の機会である。だが、世の中には、選挙に行く有権者もいれば、そうでない有権者もいる。そうだとすれば、選挙に参加しない有権者の声は、選挙によっては十分に代表されないであろう。標準的な教科書において、有権者の投票参加のメカニズムは、次のように説明されている。

【投票参加】

アンソニー・ダウンズの『民主主義の経済理論』(一九五七年)によれば、合理的な有権者は自らの利益を実現するのに最適な手段を選択する。有権者が投票に参加するのは、投票から得られる利益がコストを上回る場合である。投票コストを下げる要因の中でも、社会経済的地位は重要な役割を果たす。一般に、年齢が高く、教育水準や所得などの資源に恵まれた有権者の方が、そうでない有権者に比べて時間的余裕や政治的情報に恵まれ、投票参加に積極的である。

社会経済的に恵まれた層の方が選挙に参加しやすいことは、政治家が貧困層の意見に十分に耳を傾けないという結果をもたらし、政治的な不平等の原因になると言われてきた。同じような格差は、男性と女性の間でも生じるかもしれない。男女の性別役割分業が行われる社会では、男性の方が経済的な資源に恵まれ、家事労働を行う必要がない分、政治参加に費やす時間を長く確保できる。仮に有権者が自分と同じ性別の候補者に投票しやすいと考えると、男性の方が選挙により多く参加する傾向にあれば、政治家も男性の方が多くなり、男性の意見により積極的に耳を傾けるようになるという予想が成り立つ。

ただ、実際の選挙を見ると、投票参加の男女格差は選挙結果を左右する要因ではない。現在の日本を含む先進諸国において、選挙権はおおむね男女平等に行使されている。図4-4には、

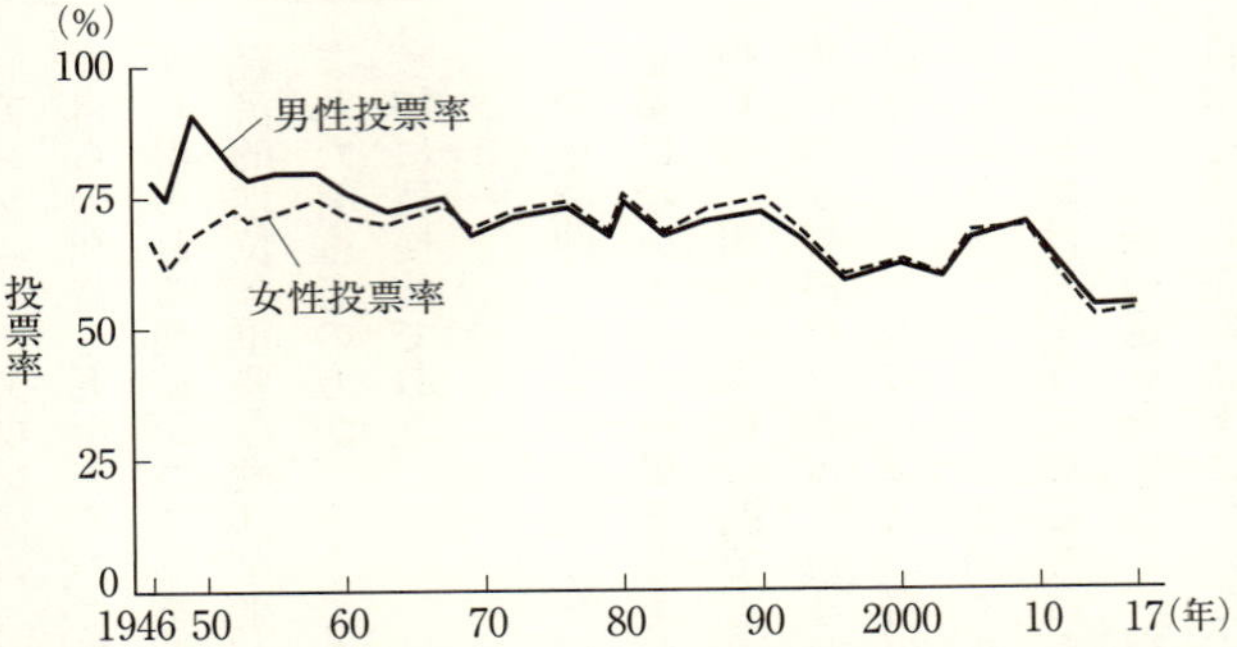

出典：総務省「衆議院議員総選挙・最高裁判所裁判官国民審査結果調」より筆者作成.

図 4-4　日本の総選挙の男女別投票率

戦後日本の総選挙における男女別の投票率を示した。この図を見ると、終戦直後の総選挙では男性の方が女性よりも投票率が高かったものの、今ではその差は消滅している。

つまり、今日の日本では、男性と女性が同じように有権者として選挙に参加しているにもかかわらず、当選する政治家のほとんどが男性となっているのである。そうだとすると、次に考えなければならないのは、選挙に参加した有権者の投票行動のメカニズムである。

投票の機能は何か

有権者は、何を基準に投票行動を行うのだろうか。ダウンズが提示した合理的な有権者のモデルは、有権者の投票行動を説明する上でも重要な役割を果たす。それは、おおむね次のように定式化されている。

【期待投票と業績評価投票】

合理的な有権者は、政策によって自らが得る利益に基づいて投票先を選ぶ。その方法は、二つある。第一は、候補者の公約を比較し、自らの政策に近い候補者に投票する「期待投票」である。この方法を用いるには、有権者が政策的な意見を持ち、候補者の公約を知っている必要がある。第二は、現職の候補者の業績を評価した上で、現職の再選を支持するかどうかを決める「業績評価投票」である。この方法を用いるには、現職の任期中の実績を知っている必要がある。この二つの方法のうち、業績評価投票の方が期待投票に比べて必要とされる情報が少ないため、比較的容易に行うことができる。

このモデルは、有権者の意見を政策に反映すること（応答性）と、失敗した指導者の責任を問うこと（答責性）という選挙の二つの機能が、有権者の投票行動とどのように関係しているかを明快に示している。期待投票は応答性を確保し、業績評価投票は答責性を確保するのである。ダウンズ以後、この議論を数理モデルによって拡張し、より複雑な投票行動の原理を導く研究も進められてきた。

だが、ジェンダーの視点から見ると、ダウンズのモデルが描く有権者は、代表性には関心がない。その選択の対象となるのは候補者の政策であって、その性別ではない。第2章で紹介したアン・フィリップスの概念を借りるとすれば、そこで展開されているのは「存在の政治」ではなく、「理念の政治」である。従って、ダウンズのモデルだけでは、日本に見られるような、男性議員が議会の圧倒的多数を占めるという意味での代表性の欠如を説明することはできない。議会における男性支配は、ダウンズの描く有権者の合理的選択とは異なるメカニズムを通じて生じている可能性が高いのである。

投票行動とジェンダー

そもそも、現実の有権者は、ダウンズのモデル通りに行動するのだろうか。有権者が候補者の公約を比較したり、政権の業績を判断したりする際には、政策とは関係のない要素が入り込むのではないか。投票行動研究の歴史において、これらの疑問は繰り返し投げかけられてきた。選挙を通じて答責性や応答性を確保しようとする試みは、有権者の能力を過大評価しているかもしれないのである。

【非合理的な有権者】

現実の有権者には、期待投票や業績評価投票を行う能力はない。第一に、有権者の多くは政策についての知識や意見を欠いており、政治家のパーソナリティや、政党への親近感など、政策に関係のない要素に基づいて投票する傾向がある。第二に、有権者は政権の業績を全体的に判断する能力はなく、むしろ直近の景気動向等を見て投票先を決めている。

有権者の投票行動の研究は、政治学において統計学的な分析手法の利用が最も進んだ分野の一つであろう。世論調査データを分析した数多くの研究成果が発表され、有権者の非合理性を示す数々の証拠も見つかっている。

ジェンダーの視点から見た場合、有権者の非合理性は、自分が男性であれ女性であれ、政策とは関わりなく男性の候補者に優先的に投票する傾向としてあらわれる。女性は政治に参加するべきではないというジェンダー規範を内面化した有権者は、その候補者が男性であるというだけで、男性の候補者に投票する。女性候補者は、「女性らしい」振る舞いをすれば政治的な能力に欠けると言われ、政治家としてのリーダーシップを発揮しようとすれば「女性らしさに欠ける」と批判される。

この見方に基づいて考えれば、日本の女性議員が少ないのは、日本の有権者が他の国に比べて男性優位のジェンダー規範を強く内面化しているからかもしれない。図4-5は、世界価値観調査（第六波）のデータに基づいて、様々な国における有権者の価値観を比べた上で、同時期

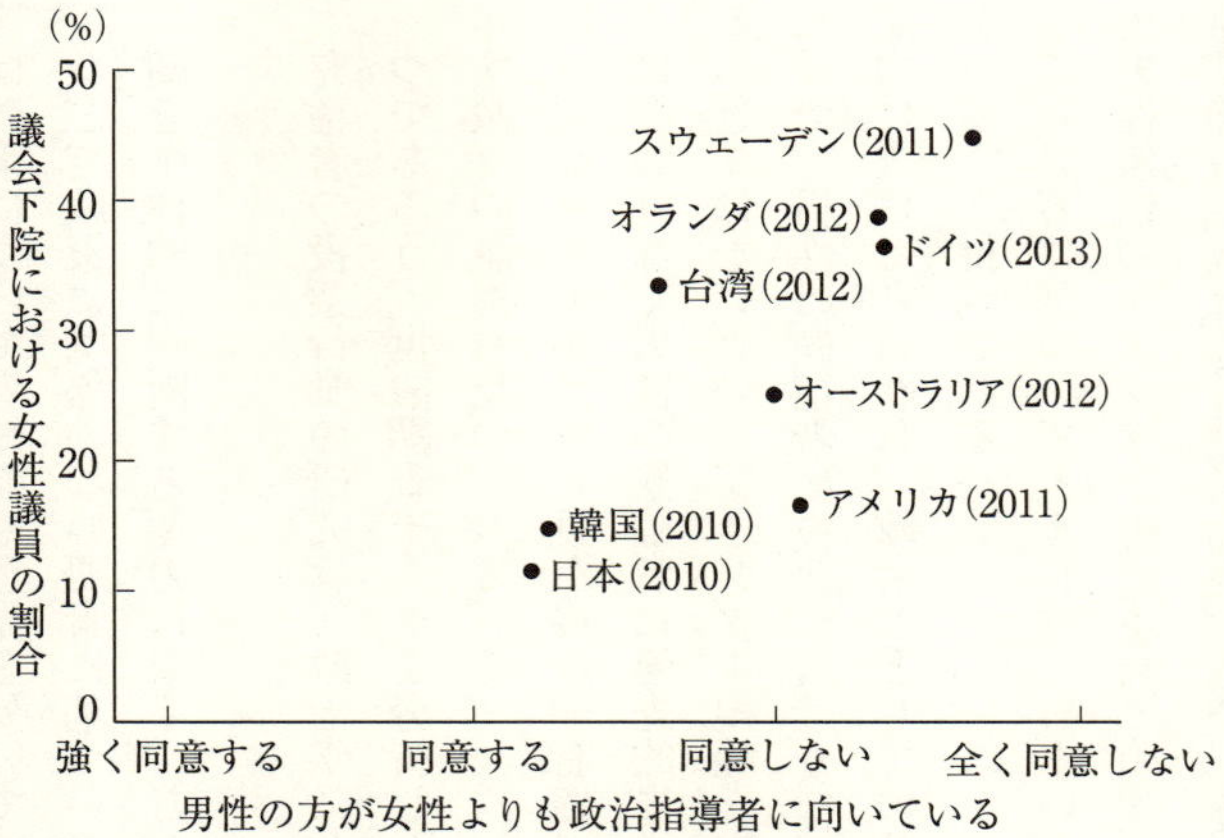

出典：WVS Wave 6 および V-Dem Version 9 より筆者作成.

図 4-5　先進国における市民の価値観と女性議員の割合

の議会下院における女性議員の割合と照らし合わせたものである。横軸には、「男性の方が女性よりも政治指導者に向いている」という考え方に同意するかどうかという質問項目に対する回答の平均値を示し、縦軸には女性議員の割合を示した。この図を見ると、スウェーデンでは、質問項目に全く同意しない有権者が多くを占めるのに対して、日本では同意する有権者と同意しない有権者の割合が大きくは違わない。つまり、日本では、男性優位主義的なジェンダー規範が強く、それによって女性候補者が不利になっているとも考えられる。

ただし、ここで示した世論調査結果の扱いには注意する必要があるだろう。同じ質問項目でも、国ごとの言語や文化の違いによって回答のパターンも異なる。この調査の場合、質問に対して「分からない」と答える回答者の数が、日本は突出して高い。近年では、実験的な手法を用いて有権者のジェンダー・バイアスの強さを測定する研究も盛んに行われているが、質問項目の設定の仕方や調査の実施方法によって、検出されるバイアスの強さは大きく異なる。

いずれにせよ、有権者のジェンダー・バイアスに言及するだけでは、日本の女性議員の少なさは説明できない。二〇〇五年に東北大学の研究グループが実施した調査では、日本の平均的な有権者が妥当だと考える女性議員の割合は約三三％だという結果が出た。実際の女性議員の割合は、この水準を大きく下回っている。つまり、日本では、有権者が望んでいる以上に、女性議員が誕生しにくい構造が存在しているといえよう。

女性候補者のいない選挙

投票所に足を運ぶ有権者の視点から見た場合、女性の政治家が誕生しない理由は比較的明白であるに違いない。それは、そもそも女性の候補者が少ないことにある。図4-6では、戦後日本の総選挙における男女別の候補者数を示した。この図を見ると、現在に至るまで一貫して、候補者の大半を男性が占めていることが分かる。直近の二〇一七年の総選挙でも、立候補した一一八〇人のうち、女性の候補者は二〇九人にすぎない。つまり、立候補の段階で女性の割合

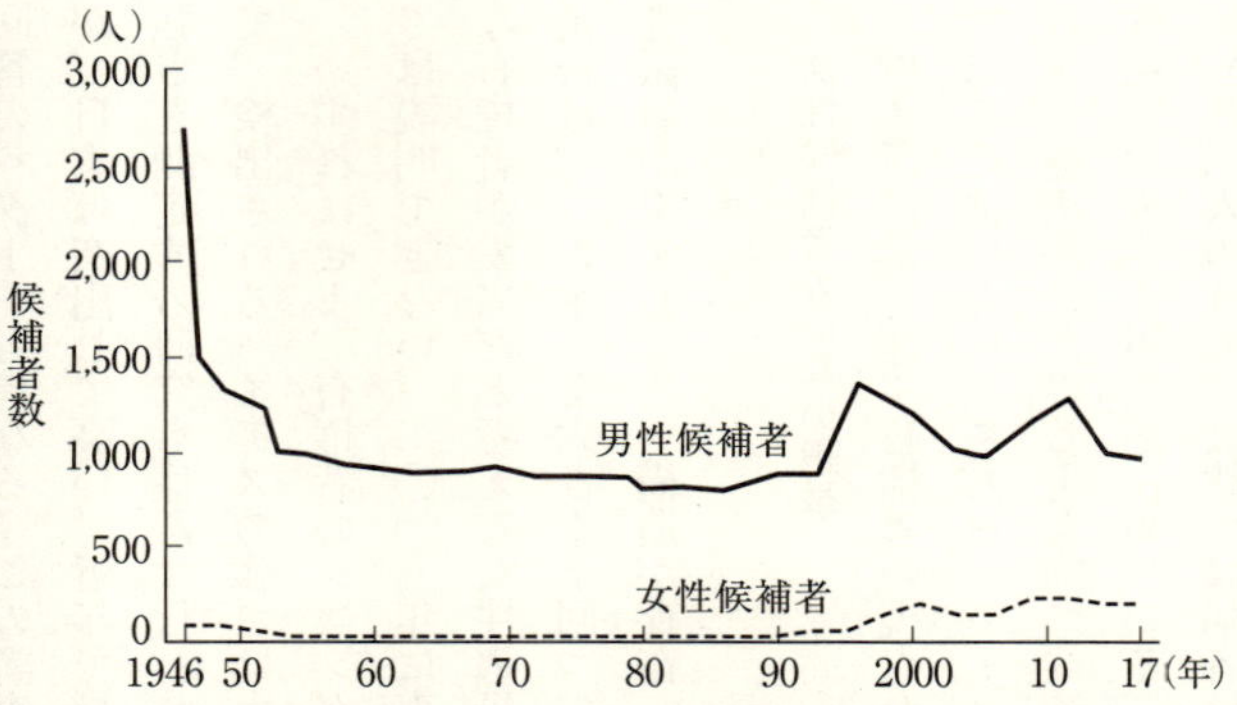

出典：総務省「衆議院議員総選挙・最高裁判所裁判官国民審査結果調」より筆者作成.

図 4-6　総選挙の男女別候補者数

は極めて低い以上、仮に女性が男性と同じ割合で当選したとしても、当選者における女性議員の割合は極めて低くなる。有権者がどのように投票しようとも、女性が選挙に立候補していないことこそが、日本において女性議員が少ないことの決定的な原因なのである。

ちなみに、一度選挙に出てしまえば、女性候補者は男性候補者と互角に戦える。図4-7では、近年の日本の国政選挙と地方選挙における、候補者と当選者に占める女性の割合を比較した。この図を見ると、総選挙以外の選挙においては、候補者と当選者の女性比率はほとんど変わらない。二〇一七年の総選挙に限っては、候補者に占める女性の割合が一八%であったのに対して当選者に占める女性の割合は一〇%にとどまったが、それは女性候補者の多い日本共産党が当選の見込みのない候補者を大量に擁立していることによる部分が大きい。

女性候補者を擁立しない政党

日本の選挙では、投票が始まる前の段階で、有権者が選べる女性の数が極めて少なくなっている。なぜ、女性候補者はこれほど少ないのだろうか。

一つには、日本に限らず、政治家を志す女性の数が男性に比べて少ないという問題がある。ある時期までは、どの国でも女性の社会進出が進んでおらず、政治家になるための足がかりとなる職業に就く女性も限られていた。そのため、経済発展を通じて教育が普及すれば、女性議員も増えるだろうという、やや楽観的な議論が有力だったこともある。ところが、各国で女性の社会進出が進む中、政治家

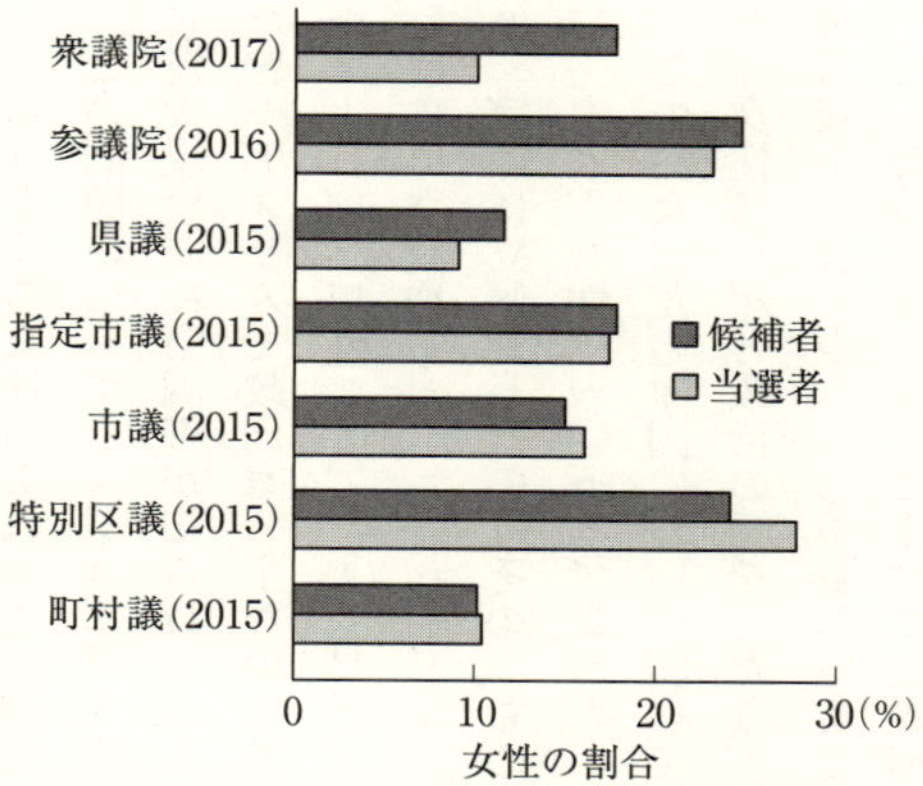

出典：総務省「地方選挙結果調」，総務省「衆議院議員総選挙・最高裁判所裁判官国民審査結果調」より筆者作成.

図 4-7　国政選挙と地方選挙における候補者と当選者の女性比率

になろうとする女性の数は多くの国においていまだに限られていることが分かってきた。

この問題については、ジェニファー・ローレスとリチャード・フォックスがアメリカで実施した大規模な社会調査が知られている。二〇〇一年、弁護士、経営者、大学教授、政治活動家など、アメリカで政治家の主な供給源となっている職業の男女数千人を対象に行われたこの調査によれば、男性(一八七〇人)は五九%が立候補を考え、そのうちの二〇%が実際に何らかの公選職に立候補した。これに対して、女性(一六五三人)で立候補を考えたことがあるのは四三%、実際に立候補したのはそのうちの一五%にすぎない。立候補した人数を比べると、男性は二一六人、女性は一〇五人であった。

この男女格差の原因について調べてみると、女性と男性の違いは子どもの頃から始まっていた。女性は、親と政治の話をしたり、立候補を勧められたりすることが男性に比べて少なく、成人後も家族や友人から立候補を促される経験が少なかった。そして、自分の能力に自信を持てない女性ほど、男性に比べて立候補を思いとどまる傾向が強かったという。これは、社会化を通じてジェンダー規範が植えつけられるメカニズムを示している。

男女の動機の格差は、政治活動のコストに由来する部分もある。多くの有権者は、女性候補者に偏見を抱く以前に、そもそも政治に対する関心が薄い。このため、政策争点に関する情報を集めたり、候補者が掲げる政策を知ろうとしたりする努力を行わない。このような消極的な有権者を前にすると、候補者に求められるのは、選挙活動を通じて有権者との接触を繰り返し、好感度を高める戦略である。テレビや広告などを通じた間接的な選挙運動を行うにせよ、選挙区の支持者の冠婚葬祭への参加などを通じた直接的な選挙運動を行うにせよ、多くの時間とリソースが必要になる。ジェンダーの視点から見た場合、このことは特に女性候補者に不利に作用する。女性は家事労働を担うことが期待され、時には家族の協力が得にくく、当選するのに必要な支持基盤を築きにくいからである。

だが、日本の選挙で女性候補者が少なくなるメカニズムは、おそらくアメリカとは異なっているだろう。アメリカの場合、二大政党の候補者は党本部からの資金的な支援をほとんど受けることがないため、弁護士や経営者など、個人的に多くのリソースや人脈を持つ者が有利になる。従って、これらの職業に就く女性が増えれば、女性候補者が増加するという想定が成り立ち得る。これに対して、日本の候補者は地方議員や議員秘書、官僚、労働組合など、政党の設定したキャリアパスを通じて擁立されることが多い。このキャリアパスを通る候補者は男性の割合が圧倒的に高く、女性候補者にはスポーツ選手やタレントのように知名度への期待によって擁立される事例が目立つ。つまり、日本の選挙で女性候補者が少ない原因を考えるには、有権者のジェンダー・バイアスや、立候補する意欲の男女差とは別に、政党が女性候補者をリクルートしてこなかった原因を探らなければならない。これが、次に取り組むべき課題である。

3　政党と政治家の行動原理

ゲートキーパーとしての政党

政党は、リーダーの組織化を通じて社会に存在する様々な利害関心を集約し、立法活動を通じて公共政策に変換する役割を果たしている。それでは、政党という組織はなぜ生まれたのだろうか。多くの標準的な政治学の教科書には、政党は次のようにして誕生したと書かれている。

【社会的亀裂の理論】

各国の政党システムは、それぞれの国の最も重要な社会的亀裂を反映したものとなる。社会的亀裂とは、階級、人種、宗教、言語など、社会集団の間の対立軸を指す。例えば、激しい宗教紛争が生じている国では、宗教政党が世俗政党と対立する。社会が様々な民族集団に分かれている国では、民族的に多数派の政党と少数派の政党が対立する。

この考え方に従えば、政治秩序の安定を揺るがすような社会変動が起きると、新たな政党が生まれる。産業革命が起きれば資本家が台頭し、自由主義政党が生まれるであろうし、産業労働者が増加し、選挙権を獲得すれば、社会民主主義政党が勢力を拡大するであろう。この考え方が一九六〇年代に提示された際には、このような社会的亀裂の生成による政党システムの変動は、ヨーロッパでは二〇世紀初頭に普通選挙権が広がった段階でいったん止まったと考えられていた。だが、その後のヨーロッパでは脱物質主義的な価値観が広まり、環境保護を求める緑の党が勢力を拡大する。さらに時代が下り、地域統合を通じて移民が増加したことで、移民排斥を掲げる極右政党が台頭した。こうした新興政党の手法はしばしば「ポピュリズム」と呼ばれ、伝統的なエリートの率いる政党では代表されない「人民」の声を真の意味で代表すると称する点に特徴がある。

しかし、ジェンダーの視点から見た場合、政党をつくることができるのは、あくまで自らの要求を広く争点化することに成功した集団に限られる。仮に社会集団の対立が存在していたとしても、十分に集団が組織化されない場合、そこから政党が生まれることもない。フェミニズム運動の場合を考えてみると、アメリカやイギリスの第一波フェミニズムは、参政権の獲得には成功したものの、国政政党は生み出さなかった。一九六〇年代以降の第二波フェミニズムの隆盛も、女性政党を生み出すほどの社会的亀裂を生まなかった。日本では、一九七七年に「中絶禁止法に反対しピル解禁を要求する女性解放連合(中ピ連)」を母体に日本女性党が設立されたが、同年の参議院選挙で候補者全員が落選し、解散している。主婦の運動を母体とする生活者ネットワークも、地方議会に候補者を送り込んでいるが、国政には進出していない。

その結果、各国の政党システムは男性の率いる政党によって占められることになった。当然ながら、既存の政党の中から選ばれる首相や大統領といった政治指導者も、男性が圧倒的な多数を占め続けることになる。例外的に女性の首相や大統領が誕生した場合にも、それは男性の政治指導者の親族であることが少なくない。アジア圏では、インドのインディラ・ガンディー首相(一九六六年、一九八〇年)、フィリピンのコラソン・アキノ大統領(一九八六年)、タイのインラック・シナワトラ首相(二〇一一年)、韓国の朴槿恵大統領(二〇一三年)、ミャンマーのアウンサンスーチー国家顧問(二〇一六年)などが、そうした例に当たる。

従って、ジェンダーの視点から見ると、政党は女性の候補者を締め出すゲートキーパー(門番)としての役割を果たしてきた。男女の不平等の解消を目指すことを志す女性も、男性の指導する政党から立候補する必要がある。そして、政党の中に女性部門を作るといった形で連帯し、政党の内部から男女の不平等の解消を働きかけるというルートを選ぶのである。それゆえ、女性議員が増えるかどうかは、既存の政党が女性を候補者として擁立するかどうかにかかっている。

この問題に関して、一般的には左派政党は平等主義的な志向が強いため、女性を積極的に起用する傾向があると考えられてきた。だが、日本で五五年体制下の最大野党であった社会党は、長い間、女性候補者の擁立に消極的であった。その理由として挙げられるのは、支持母体である労働組合の組織的基盤である。女性の労働参加が低い水準にとどまっていた日本では、公共部門、民間部門を問わず、男性が労働運動の主力であり、それが社会党の候補者擁立戦略にも反映されていた。一九九〇年代に社会党の勢力が衰退し、代わって民主党が新たな最大野党として浮上した後も、候補者の大半が男性であるということ自体は近年まで大きくは変化せず、男性優位は持続している。

つまり、政党を支配する男性が女性の立候補を認めなければ、有権者が女性を選ぶ機会も失われる。以下では、これまで女性の立候補を積極的に認めてこなかった日本の政党における男性支配の基盤について検討しておこう。

政党組織と政治家

政党は、個別の政治家がそこに所属することによって成立している。従って、政治家の視点から見れば、政党は何らかの便益をもたらしているはずであろう。政党組織の機能については、次の学説が有名である。

【政党組織論】

政党は、政治家が効率的に選挙活動や立法活動を行うのを助ける機能がある。第一に、政党は候補者の選挙活動をサポートすることで、政治家同士の協力を円滑化する。第二に、政党は党議拘束を通じて投票行動を調整することで、政治家の意見の集約を容易にする。第三に、政党は年功序列をはじめとする昇進の仕組みを整備することで、政治家に安定したキャリアパスを提供する。以上の理由から、政治家にとっては政党に所属することの便益が、無所属で戦うことの便益を上回る。

政党組織のメカニズムについては、日本の政党の中でも、自民党に関して多くの分析が行われてきた。特に重要な役割を果たすメカニズムとしては、年功序列の慣行が知られている。政党における役職の配分には一定の公式があるわけではないが、当選回数の多い議員ほど政党の内部で地位が上昇する傾向がある。日本の自民党の衆議院議員の場合、おおむね当選五回以上で閣僚となるという相場があるとされてきた。この制度は、長く一つの政党に所属する誘因を政治家に与えることを通じて、有力な人材を政党に集め、党の凝集性を維持する働きを持つ。当選を重ねることを通じて要職に就任した政治家は、名声や資金力も上昇し、党内の若手議員への影響力を行使できるようになる。この仕組みは、自民党政権が長期化する中で作り上げら

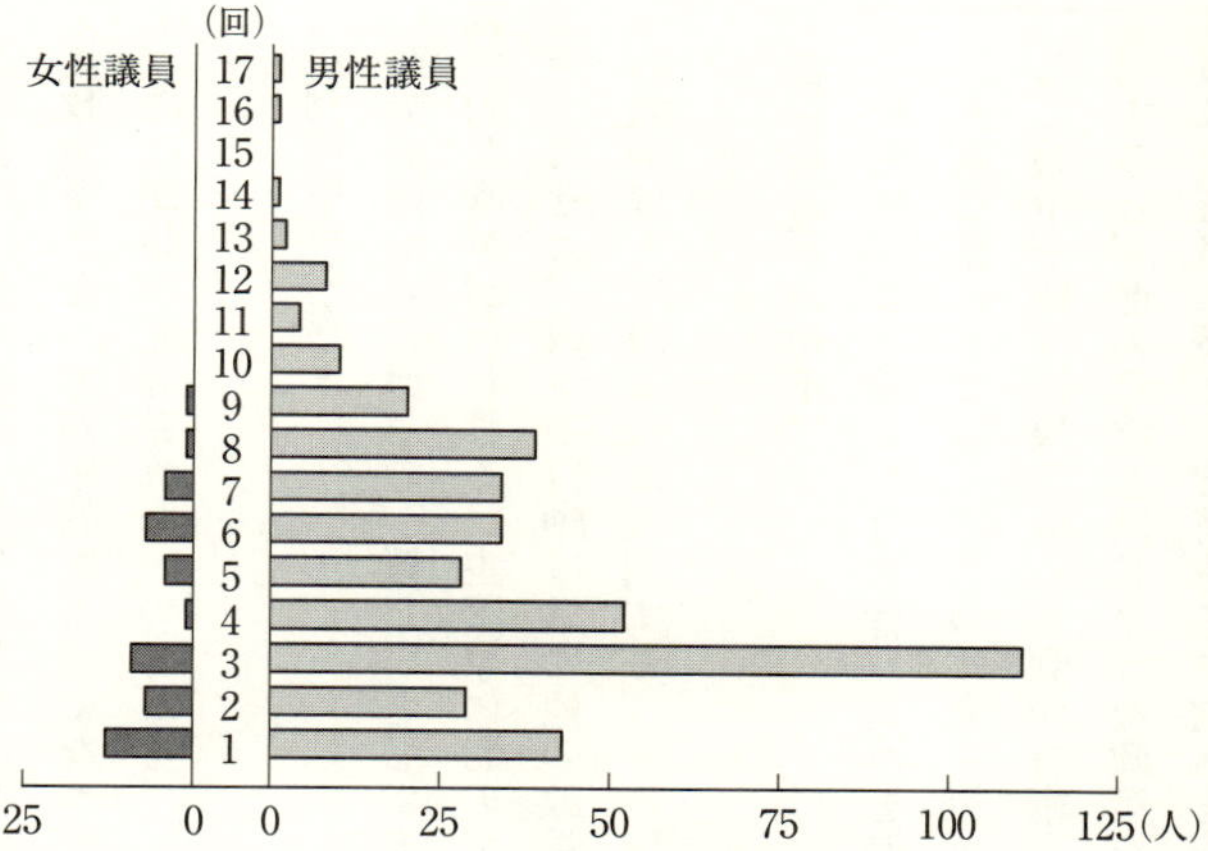

出典：衆議院ウェブサイト「議員情報」より筆者作成.

図 4-8　衆議院議員の当選回数の分布(2017 年)

れてきた。

しかし、ジェンダーの視点から見れば、これらのメカニズムは女性政治家の昇進を妨げ、「ガラスの天井」を作り出すものであった。年功序列のルールの下では、若い時から政治家になることのできる世襲議員の方が、早くから当選を重ねることができるため、有利になる。男性優位の社会では女性は男性に比べて世襲の恩恵を受けにくいため、出世が早い議員の多くは男性となる。図4-8は、二〇一七年の総選挙後の日本の衆議院における議員の当選回数の分布を示したものである。男性と女性の当選回数を比較すると、当選回数の多い議員のほとんどは男性であり、当選一〇回以上の女性議員は一人もいない。

このように考えると、少なくとも日本において、政治家にとって効率的な政党組織は、主に男性政治家にとって効率的なものになっている可能性が高い。女性政治家には、男性政治家のようには便益が配分されないのである。

政党間競争の働き

政党が内から変わるのが難しいとしても、外からの圧力によって変化が促される場合がある。競争的な選挙が行われる民主国家においては、選挙で勝つことを目指すにせよ、政策の実現を目指すにせよ、政党の行動は常に他の政党がどのような戦略を採用するかに依存する。政党同士の競争は、次のように展開する。

【政党間競争の作用】

政党は、より多くの有権者の支持を得るため、極端な政策を掲げるのを避ける。特に、二大政党制の下では、二つの政党は似たような政策を掲げるインセンティブが働く。こうして競争が働く結果、ある政党が有権者の多くの支持を得る政策を掲げて党勢の拡大に成功すると、他の政党も同じような政策を掲げて追随することになり、結果として政党の政策は有権者の多くが支持する方向へと収斂する。

このモデルは、選挙における政党間競争の働きに関して、ある種の楽観的な見解を示しているといえよう。戦後日本の一党優位政党制の下でも、政党間競争のメカニズムが作用した結果として、社会の幅広い層の意見を反映した政策が選択されてきたとされている。一九六〇年代以降、自民党は結党時の目標であった憲法改正を棚上げし、公害対策や福祉政策など、野党の政策を先取りすることを通じて、優位政党としての地位を保ってきた。

その一方で、ジェンダーの視点から見た場合、政党間競争には、女性議員を増加させる機能もある。女性候補者を擁立した方が選挙戦略の上で有利になる条件の下では、男女の不平等の是正に関心のない政党も、女性候補者を擁立することを迫られる。スウェーデンをはじめとする北欧諸国など、女性議員の割合が高い国の事例を見ると、政党の政策的な立場の左右に関係なく、各党とも多くの女性議員を選挙の際に候補者として擁立している。これは、左派政党との競争の中で、本来であれば伝統的なジェンダー秩序を維持したいはずの保守政党も女性議員を増やすことを強いられてきたことの結果であるとされている。

だが、そうだとすると、疑問が浮かぶ。一九六〇年代以降の自民党が、野党からの競争に応じて政策を変更する柔軟性を持っていたのだとすれば、そうした方針の下でも女性議員を増やしてこなかったのはなぜだろうか。

野党から誕生する女性指導者

この問題を解く鍵は、野党の戦略にある。というのも、党勢拡大のための新機軸として女性候補者を開拓する圧力は、通常は与党よりも野党の方に強く働く。特に、選挙で大きく票を減らした野党は、女性を党首に起用するという形で、時に大胆な方針転換を図ってきた。イギリスでは、一九七四年の総選挙で敗れた保守党が、翌年マーガレット・サッチャーを党首に選出し、一九七九年の総選挙で政権を奪回した。ドイツでは、一九九八年の連邦議会選挙で大敗を喫したキリスト教民主同盟(CDU)が、二〇〇〇年にアンゲラ・メルケルを党首に選出し、二〇〇五年の総選挙で政権に復帰している。台湾では、二〇〇八年の立法委員選挙と総統選挙で政権から転落した民進党が、蔡英文を党主席に選出して党勢回復を図った。蔡は二〇一二年選挙の敗北の責任を取って辞任したが、二〇一四年には党主席に返り咲きを果たし、二〇一六年には国民党の候補者を破って初の女性総統に就任している。

つまり、日本の事例を読み解く上でのポイントは、自民党が女性議員を増やさなかったことではなく、野党が女性議員を増やさなかったことである。自民党と社会党からなる五五年体制の下では、社会党の目的は自民党が憲法改正を発議するのに必要な三分の二の議席を獲得するのを阻止することにあり、過半数の獲得に必要な候補者を擁立することさえなく、候補者数を絞り込んで安定的な議席の確保を狙っていた。このため、選挙結果が大きく動くこともない代わりに、社会党に女性議員を起用させる圧力も働きにくかったと考えられる。

以上のような状況が変わったのは、この章の冒頭で紹介した一九八六年の衆参同日選であった。この年、社会党は大都市圏の女性票を掘り起こすべく「マドンナ作戦」と題して女性候補者の擁立を進めたが、議席のかつてない落ち込みを受け、土井たか子を初の女性党首に選出した。その後、一九八九年の参議院選挙で社会党は多数の女性候補者を擁立して「マドンナ・ブーム」を起こし、初めて選挙における獲得議席数で自民党を上回った。この選挙に続く翌一九九〇年の総選挙では、女性候補者の数が三五人から六六人へと急増し、それ以後も自民党の下野と政権復帰を経て、女性議員は持続的に増加した。二〇〇五年に小泉政権の下で郵政民営化に反対して多くの議員が離党した際には離党組の選挙区に女性候補者が「刺客」として送り込まれ、二〇〇九年の総選挙では野党の民主党が「小沢ガールズ」と呼ばれる女性候補者を擁立して大勝した。

二〇一二年の総選挙によって民主党政権が退場して以後、自民党が圧倒的な優位に立つ状況が生じたことで、政党間競争は再び弱まっている。そうである以上、自民党の側には女性候補者を急激に増やす誘因はない。今後の日本で再び女性議員が増加に転じるかどうかは、野党が女性候補者を擁立し、その結果として支持拡大に成功するかどうかによる。こうした選挙戦略は、政党を取り巻くゲームのルール、すなわち選挙制度の働きによって大きく左右されるであろう。

4　選挙制度の影響

二つの民主主義

政治学では、選挙制度の影響に関して、幅広く研究が行われてきた。選挙制度がどのように設計されているかは、有権者と政治家の行動に大きな影響を与え、最終的には代議制民主主義の質を左右する。この問題については、次の学説の影響力が強い。

【多数決型と合意型】

アレンド・レイプハルトの『民主主義対民主主義』(一九九九年)によれば、民主主義には多数決型と合意型という二つの型がある。多数決型民主主義は、競争的な選挙と政権交代を通じて多数派の手に権力を集中するモデルであり、支配者の答責性の確保を重視する。合意型民主主義は、政党間の協力を通じて権力を分散させるモデルであり、様々な意見を広く代表するのに向いていると考えられる。

この二つの民主主義のモデルの特徴を規定する要因の中でも、選挙制度は重要な位置を占める。レイプハルトによれば、イギリスをはじめとする多数決型民主主義の国では小選挙区制を通じて二大政党制が形成され、選挙のたびに多数党による単独政権が組織される。これに対して、オランダをはじめとする合意型民主主義の国では、比例代表制を通じて多党制が形成され、連立政権による統治が常態化している。

こうした傾向は、いわゆる「デュヴェルジェの法則」に基づいている。この考え方に従えば、小選挙区制は二大政党制を生み出す。第一に、小選挙区制の下では、得票率に関係なく、最も多くの票を得た候補者一人が当選するため、相対的に得票率の高い大政党は、より多くの議席を獲得する（機械的効果）。第二に、選挙制度の機械的効果によって、自らの票が死票になることを恐れる小政党の支持者は、上位二党のうちで相対的に好ましい候補者に票を投じる結果、大政党は一層有利になる（心理的効果）。これに対して、比例代表制は多党制を生み出す。比例代表制の場合には各政党の得票数に応じて議席が配分される仕組みを採用しており、小政党も議席を得やすいため、選挙に参加する政党の数が多いほど、多党制への傾向が強まる。

この選挙制度の分類において、日本は相対的に合意型民主主義に近い特徴を持つと言われてきた。一九九三年まで日本の衆議院で用いられてきた中選挙区制の下では、有権者が複数の候補者から一人を選んで投票し、上位三人から五人の候補者が当選する。この制度の下では、小選挙区制に比べて当選に必要な得票率が低いため、社会党の他にも民社党、公明党、共産党のような野党が分立し、事実上は比例代表制に近い効果が生じていた。

これに対して、一九九六年以降の総選挙では、一部の議員を小選挙区制に基づいて選び、それ以外の議員を比例代表制に基づいて選出する小選挙区比例代表並立制という混合型の選挙制度が採用されてきた。この仕組みは、小選挙区選出の議員の割合が比例区選出の議員よりも高かったため、二大政党制への傾向を生むと予想されたこともあったが、現実には比例代表制の要素が残されたことで複数の野党が乱立し、全体としては自民党の一党優位政党制が持続する一方、近年は自民党と公明党の連立政権が続いている。

それでは、この二つの民主主義のモデルをジェンダーの視点から見ると、どうなるか。興味深いことに、『民主主義対民主主義』には、合意型民主主義の国では多数決型民主主義の国に比べて女性議員の比率が高いという知見が示されている。女性議員の多い国には、特にスウェーデンなどの北欧諸国が該当する。このことから、レイプハルトは、合意型民主主義は「弱者に優しい民主主義」なのだと結論する。図4-9では、横軸にレイプハルトが政治制度を分類するために作成した多数決型か合意型かを示す指標（一九八一年から二〇一〇年までの「政府・政

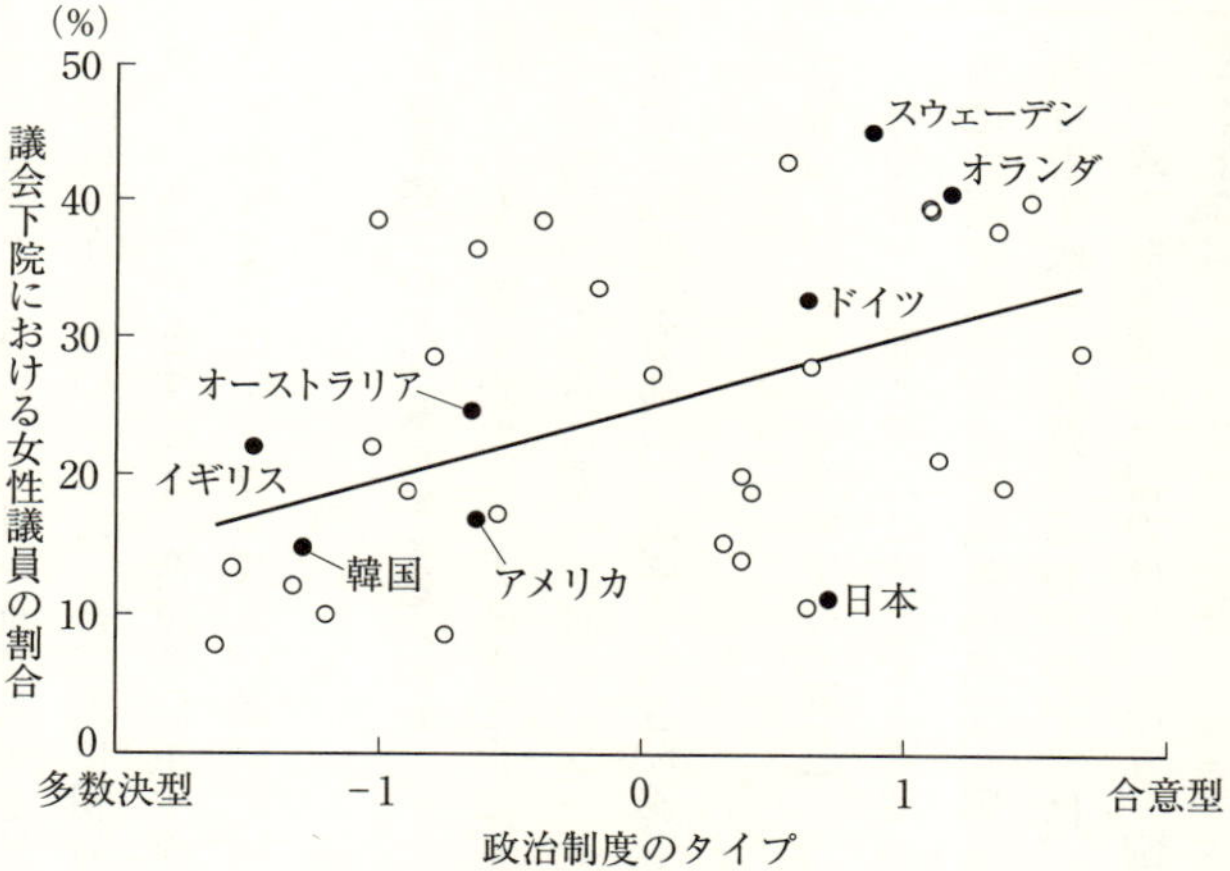

出典：V-Dem Version 9 およびレイプハルト(2014)，270 頁より筆者作成.

図 4-9　合意型民主主義と女性議員の割合(2010 年)

党次元」の指標)を示し、縦軸には二〇一〇年現在の議会下院における女性議員の割合を示した。その上で、全体的な傾向を捉えるために、回帰直線を当てはめている。回帰直線とは、二種類の変数間の平均的な分布の傾向を示す直線の一種である。この図を見ると、確かに政治制度と女性議員の割合の間には相関関係があり、一般的には合意型民主主義の国では女性議員の比率も高い傾向が見られる。

しかし、レイプハルトは、合意型民主主義がなぜ女性の代表性を確保するのに向いているのかを説明していない。合意型民主主義においては、様々な集団がそれぞれの政党を組織し、連立政権に参画することを通じて権力を分有する。だが、すでに述べたように、女性の利益を中心的な目的として組織された政党が大きな勢力を有している国は存在しない。また、合意型に相対的には近いはずの日本では、女性議員の割合は極端に低い。そうだとすると、合意型民主主義の国に女性議員が多いのは、『民主主義対民主主義』には記されていないメカニズムが働いているからではないかという疑問が浮かんでくる。

政党を選ぶのか、候補者を選ぶのか

そもそも、選挙制度は、大政党と小政党の間の力関係を左右するだけではなく、有権者が政党と候補者のどちらに票を投じるのかを規定する。その結果、候補者が行う選挙運動の戦略や、候補者と政党指導部の力関係も大きな影響を受ける。

【政党中心の制度と候補者中心の制度】

有権者が候補者個人に投票する制度の下では、候補者の選挙運動による支持者の獲得が当選の鍵を握るため、政党指導部が選挙運動で果たす役割は小さくなる。これに対して、有権者が政党に投票する制度の下では、候補者が政党の公認を得ない限り当選できないため、政党指導部の影響力は強くなり、選挙結果が候補者の選挙運動に依存する度合いは小さくなる。

ここから、選挙制度の分類に新たな視野が開ける。小選挙区制は候補者中心の選挙制度だが、候補者が政党からの資金にどれほど依存しているかによって、政党指導部の影響力は異なる。また、比例代表制は必ずしも政党中心の選挙制度ではない。拘束名簿式の比例代表制の下では、政党指導部が比例名簿を決定するため、政党中心の選挙が行われる。これに対して、ある時期までのイタリアや、今日の日本の参議院のように、非拘束名簿式の比例代表制を用いる場合、有権者は政党だけでなく候補者個人にも投票し、その候補者の得票に応じて名簿上の順位と政党の得票数が決まる。そのため、候補者は自分の支持者を獲得する必要がある。

この議論をジェンダーの視点から見た場合、拘束名簿式の比例代表制の下では女性議員の割合が高くなりやすい。というのも、この制度の下では候補者個人の選挙運動に依存する部分が少ないため、選挙運動において女性が不利になることの影響が小さく、政党指導部が女性の擁立に積極的になれば、その分だけ当選者に占める女性の割合は上昇する。実際、女性議員の割合が高いことで知られる国々では、軒並み拘束名簿式の比例代表制が用いられている。また、この制度は選挙区定数(district magnitude)が大きい点でも候補者個人の選挙運動に依存する部分が少なく、女性候補者に有利となる。選挙区定数が一である小選挙区制の場合、トップの得票者だけが当選するため、選挙運動で不利になる女性候補者が議席を確保するのは難しくなる。

すでに述べたように、選挙区定数という点で見れば、日本で長く用いられてきた中選挙区制は、比例代表制に似ている点もあった。他方、この制度は、同じ選挙区で同一政党の候補者同士が争うため、候補者個人が後援会などの形で地盤を組織化し、個人的な政治資金源を確保する必要のある候補者中心の制度であった。そのため、公共事業や補助金を用いた有権者の動員を目的とする利益誘導合戦が起き、ロッキード事件やリクルート事件に象徴されるような政治腐敗がはびこっていた。

一九九四年の選挙制度改革で衆議院の中選挙区制が廃止され、小選挙区比例代表並立制が導入されたことの背景には、こうした政治腐敗に対する有権者の批判がある。この局面で、当時の日本の女性議員の間では、改革への反対論が強かった。もともと中選挙区制は、候補者中心の制度である点で女性候補者には不利だったが、小選挙区制は選挙区定数が小さい点で女性に一層不利だと考えられていたからである。

結果論になるが、こうした女性議員たちの懸念は、杞憂に終わった。図4-10には、第二次世界大戦後に行われた総選挙における女性の当選者の割合を、選挙制度ごとに示した。ここからは、一九九六年以降の選挙では、確かに小選挙区選出の女性の割合は比例区に比べて低いことが分かる。だが、中選挙区と小選挙区の単純な比較はできないとしても、小選挙区から当選している女性の割合は、中選挙区制時代に比べて上昇している。つまり、当時予想されていた

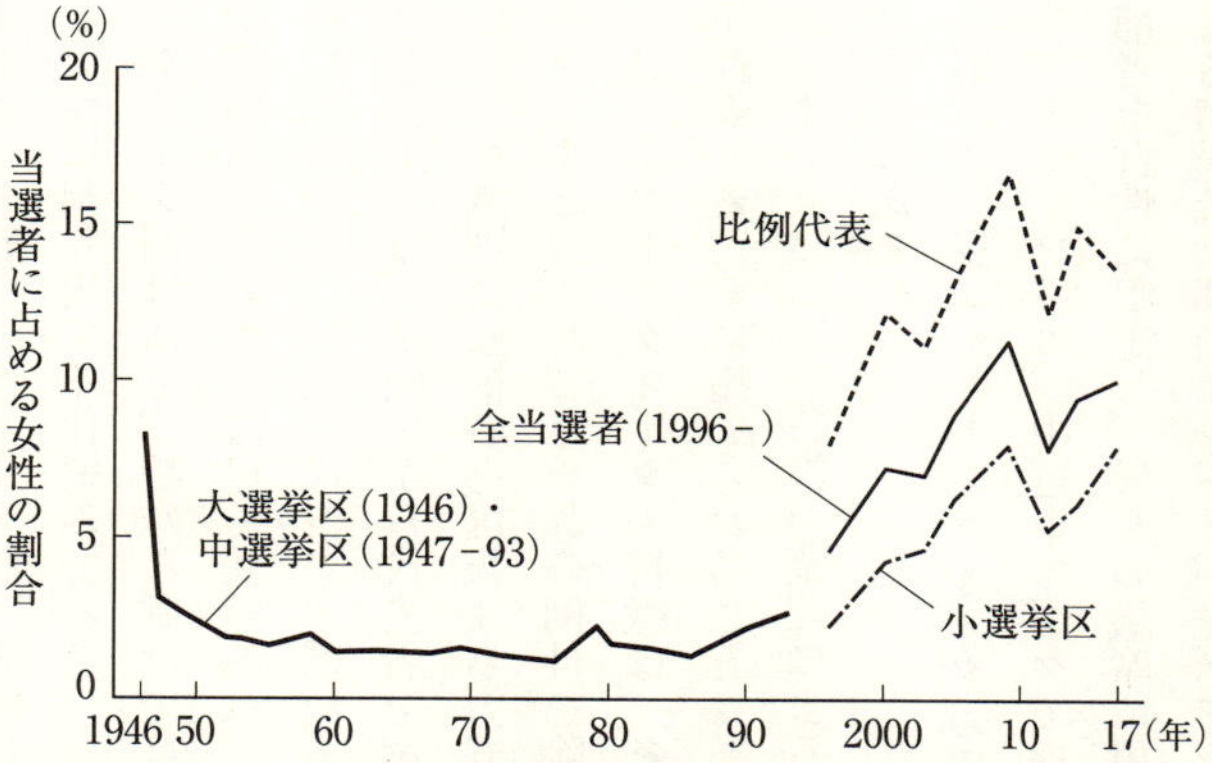

出典：総務省「衆議院議員総選挙・最高裁判所裁判官国民審査結果調」より筆者作成.

図 4-10　衆議院における選挙制度と女性議員の割合

以上に、日本の女性議員は選挙に強かったのである。

クオータ制

この一九九四年の選挙制度改革の過程では、ジェンダーの視点は全く考慮されなかったと言ってよい。比例代表制が導入されたのは、女性議員を増やすためではなく、小選挙区制の下では不利になる小政党の反対を和らげるためであった。言い換えれば、その下で女性議員が増えたのは、あくまで改革の副産物である。

より意図的に議員に占める男女の不均衡是正に取り組むには、別の種類の選挙制度を考える必要があるだろう。その制度とは、ジェンダー・クオータである。ジェンダー・クオータは、一般に「クオータ制」と呼ばれる制度の一種であり、候補者や議席の一定割合を女性と男性に割り当てる仕組みである。

クオータ制は何も、特殊な制度ではない。選挙に参加する特定の集団に何らかの形で候補者や議席に一定の枠を設ける仕組みは、古くから用いられてきた。小選挙区制の下では、それぞれの地域から、一人の代表者を選出する。比例代表制の下でも、地域ブロックから数人の代表者を選出する。全国民から代表者を選出するのであれば、こうした枠を設ける必然性は特にないが、地域別に候補者を選抜する方式は、全国を単一の選挙区として選挙を行うオランダやイスラエルといったごく少数の例外を除けば、あらゆる国で用いられている。

ジェンダー・クオータの特徴は、それがクオータであることではなく、そのクオータが女性を代表するために用いられることにある。モナ・リナ・クルックの『政治における女性のためのクオータ』(二〇〇九年)の整理によると、ジェンダー・クオータの導入に至る道は、大きく分けて三つある。

第一に、ジェンダー・クオータのうち、最も歴史が古いリザーブ議席(reserved seats)は、南アジアやアフリカ、中近東の国々で採用されてきた。この制度は、議席の一定割合に関して候補者を女性に限定し、残りの議席に男女双方の候補者を割り当てる。その起源は、イギリスによる植民統治期のインド・パキスタンにおいて、現地エリートの団結を防止するための分割統治政策として導入された制度にまで遡ることができる。時代を下れば、この種の制度は国際機関による経済援助の条件として女性議員の比率を増やすことを求められた国々で導入されることも多かった。女性議員の比率が世界一であることで知られるルワンダの場合、内戦後の二〇〇三年に制定された新憲法の下で、下院における八〇議席中の二四議席が女性に割り当てられている。先進国では、台湾が立法委員選挙の比例区の当選者の半分を女性に割り当てる女性定数保障制を用いている。

第二に、ヨーロッパでは一九七〇年代から政党クオータ(political party quotas)と呼ばれる仕組みが発達した。これは、立法に基づく制度ではなく、政党が候補者の一定割合を自発的に女性と男性に割り当てる仕組みであり、比例代表制を採用している国で候補者名簿を作成する際に広く用いられるようになった。ヨーロッパで最も女性議員の比率の高いスウェーデンでは、一九八七年に左翼党と緑の党がクオータを導入した後、社会民主労働党が一九九三年に比例代表名簿に男性と女性を交互に記載する「ジッパー方式」を採用し、候補者を男女同数とした。小選挙区比例代表併用制という混合選挙制を採用するドイツでは、二大政党である社会民主党とキリスト教民主同盟の双方が、比例代表名簿にクオータを導入している。小選挙区制のイギリスでも、一九九七年から労働党が一部の選挙区において女性のみの名簿から候補者を選ぶ方式を採用している。

第三に、一九九〇年代以降、ラテンアメリカ諸国を中心に広がりを見せているのが、すべての政党に対して候補者の一定割合を女性とすることを法的に義務付ける候補者クオータ(legislated candidate quotas)である。候補者クオータは、民主化に際してヨーロッパ並みの女性の代表を実現する趣旨で導入されることが多かったが、公式の制度である点ではヨーロッパの政党クオータよりも強い強制力を持つことになった。ヨーロッパでは、フランスが二〇〇〇年にパリテ法を成立させ、世界で初めて候補者を男女同数とする候補者クオータを導入した。アジアでは、韓国が二〇〇〇年の政党法改正で比例区の候補者の三〇%を女性とするクオータを導入し、二〇〇二年と二〇〇四年の改正を経て比例区を男女同数、小選挙区の候補者を三〇%とするクオータを設定している。

ジェンダー・クオータの広がり

現在の標準的な政治学の教科書で選挙制度を解説する際には、例外なく多数決型と比例代表型の区別が紹介される一方、ジェンダー・クオータへの詳しい言及はほぼ行われない。だが、今日の世界で議会下院において何らかのジェンダー・クオータを導入している国は、一〇〇カ国を超える。上院や地方議会も含めれば、その数は一三〇カ国程度に上る。表4-2には、二〇一九年二月現在、議会下院における女性議員の比率が高い世界上位一〇カ国におけるジェン

表 4-2　女性議員比率の高い国における選挙制度(2019 年)

国　名	議会下院の女性比率	クオータ立法の種類	政党クオータの有無	選挙制度
ルワンダ	61.3%	リザーブ議席(30%)	×	拘束名簿式比例
キューバ	53.2%	×	×	―
ボリビア	53.1%	候補者クオータ(50%)	○	混合選挙制
メキシコ	48.2%	候補者クオータ(40%)	○	混合選挙制
スウェーデン	47.3%	×	○	拘束名簿式比例
グレナダ	46.7%	×	×	小選挙区制
ナミビア	46.2%	×	○	拘束名簿式比例
コスタリカ	45.6%	候補者クオータ(50%)	○	拘束名簿式比例
ニカラグア	44.6%	候補者クオータ(50%)	○	拘束名簿式比例
南アフリカ	42.7%	×	○	拘束名簿式比例

出典：Gender Quotas Database および IPU より筆者作成.

ダー・クオータの導入状況を示した。ここでは、リザーブ議席や候補者クオータのような立法に基づいて導入されるクオータが存在する国ではその種類を示し、同時に政党が自発的に導入する政党クオータの有無を示している。

この表を見ると、リザーブ議席を用いている国がルワンダに限られていることに気づく。この制度は、少数民族のように、その支持者が単一の政党に集中している集団を代表するには有効な仕組みであるが、女性のように複数の政党に支持者が分かれている集団を代表するには向かないとされている。リザーブ議席は、女性を男性から隔離する制度であって、政党における男女の不平等を是正する制度ではない。これまでリザーブ議席を用いてきた国の多くは、ポール・カガメ大統領による独裁の続くルワンダのような、政党間の競争が実質的な役割を果たさない権威主義体制であった。台湾の女性定数保障制も、国民党政権期に中国共産党に対抗するために設けられた制度の遺産である。

また、この表に掲載されている国には、拘束名簿式の比例代表制を用いている国が多い。このタイプの制度の下では、政党が比例名簿を変更することで女性候補者の人数を増やせるため、候補者クオータや政党クオータを導入しやすい。小選挙区比例代表並立制のような混合選挙制を用いる国で、比例区の方にクオータが導入される傾向があるのも、このためである。これに対して、候補者個人に依存する小選挙区制のような制度の下では、現職の立候補を制限する必要があるため、クオータの導入は相対的に難しい。その意味で、小選挙区制（決選投票のある二回投票制）のフランスでパリテ法が導入されたのは、興味深い事例である。

ジェンダー・クオータと日本

このような国際的な動向に照らせば、日本の女性議員数が他の先進国よりも低い水準にあることの原因として見逃せないのは、ジェンダー・クオータが導入されてこなかったことにある。図4-11では、日本と三つの先進国を取り上げ、ジェンダー・クオータの導入前後の議会下院

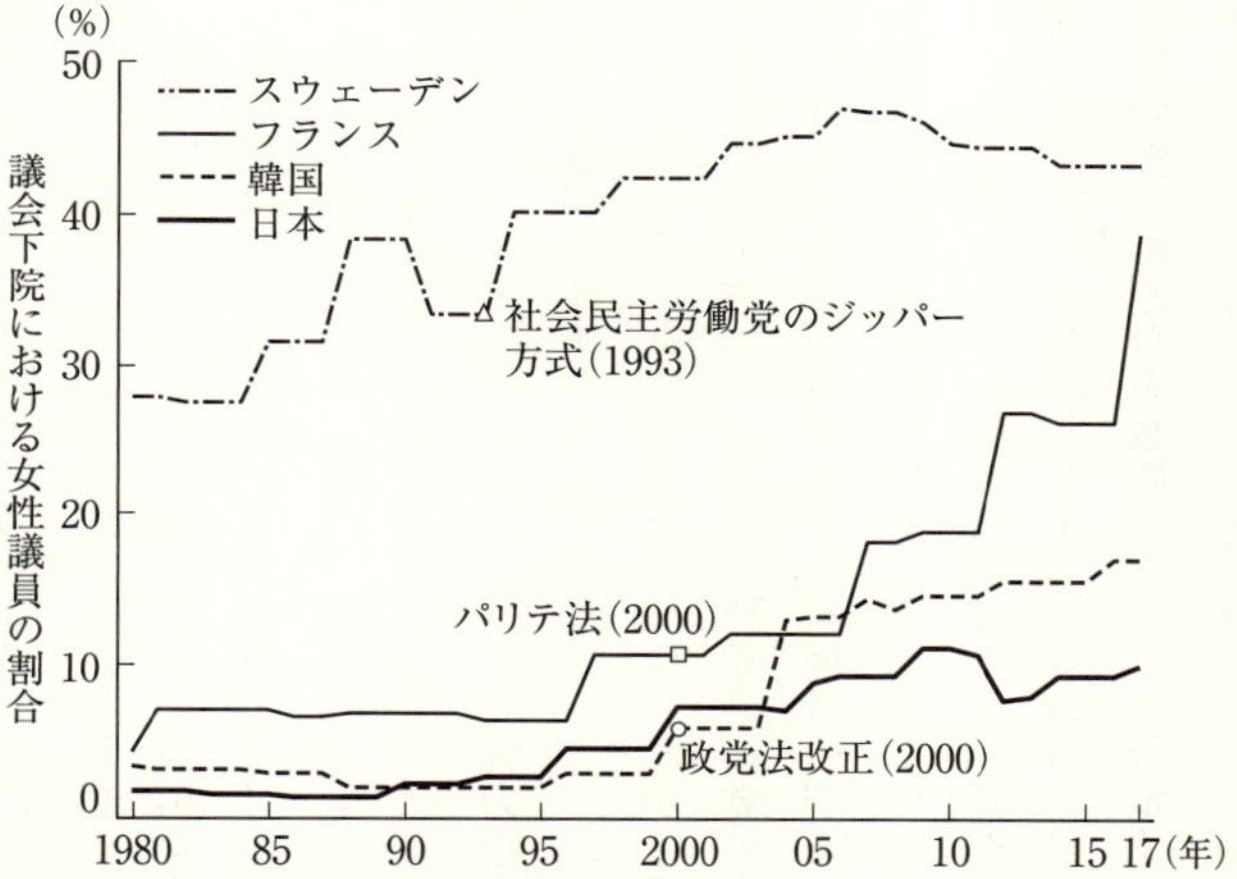

出典：V-Dem Version 9 より筆者作成.

図 4-11　ジェンダー・クオータの導入と女性議員の割合

における女性議員の割合の推移を示した。スウェーデンでは、一九九三年に社会民主労働党のジッパー方式が導入された段階ですでに女性議員の割合は比較的高かったが、その後に一層の女性議員の増加を経験している。フランスでは、元々は女性議員の割合は日本と大差なかったが、二〇〇〇年のパリテ法の導入後は女性議員の台頭が目覚ましく、二〇一七年の議会選挙では当選者の約四割を女性が占めた。韓国でも、かつては女性議員の数は少なかったが、二〇〇〇年の政党法改正によるクオータ導入後、二〇〇四年の政党法改正で制度が強化され、その年の選挙で女性議員の割合が倍増した。女性候補者の割合が五〇％と定められた比例区から選出される議員は全体の二割を占めるにすぎず、小選挙区の候補者の女性比率を三〇％とする努力義務については達成されていないが、日本の衆議院に比べれば女性議員の割合は高い。

日本でも、二〇一八年五月に候補者男女均等法、いわゆる「日本版パリテ法」が成立した。この法律は、候補者を男女同数に近づける努力を政党に求めるものであり、違反に対する罰則を課すものではない。だが、女性枠としてのクオータとは異なり、パリテはその定義上、男女の候補者を同数とすることを目指す。フランスの事例において制度の強化を通じて女性議員が増えてきた歴史を見ると、今後より強力な候補者クオータへと発展することで、日本でも女性議員の数が増加するかもしれない。

より短期的に女性議員の増加につながる可能性があるのは、政党クオータであろう。二〇一九年の参議院選挙において、野党第一党の立憲民主党は、比例代表の候補者の四割を女性とする方針を発表し、最終的には候補者の四五％が女性となった。他の野党も積極的に女性候補者を擁立した結果、全候補者に占める女性の割合は過去最高の二八％に達した。

この選挙では、与党の自民党と公明党が改選議席の過半数を獲得し、当選者に占める女性の割合自体は二三％にとどまったものの、女性候補者は広く注目を集めた。将来的には、政党が女性候補者の割合を数値目標として設定する光景が、日本でも広く見られるようになるかもしれない。

以上のように、ジェンダーの視点は、政党の勝ち負けに注目するだけでは読み解けない政治の変化に注意を促す。たとえ今後も日本で自民党政権が続くとしても、国会議員の男女比がより均等なものになっていけば、女性と男性の双方に目配りした政策が選ばれるようになっていくだろう。この変化が持つ日本の民主主義にとっての意義を適切に捉え、今後の政治のあり方を展望するためには、従来の標準的な政治学の体系に縛られない新たな発想が必要となるのである。

おわりに

政治学への批判と学問の豊かさ

なぜ、ピーチ姫は自力でクッパ城から脱出しなかったのだろうか。
二〇世紀を代表するテレビゲームとして世界的に知られる任天堂の「スーパーマリオブラザーズ」(一九八五年)の物語は、極めて伝統的な男女の性別役割分業観に基づいている。このゲームの主人公であるマリオという名の男性は、その行く手に立ちはだかる様々な魔物たちを倒しながら、魔王クッパの居城に囚われた王女ピーチ姫を救出するのである。ピーチ姫が、ゲームの冒頭でクッパに連れ去られた後、マリオが助けに来るまで何をしていたのかは、ほとんど描かれていない。

しかし、別の物語もあり得たのではないか。カナダの評論家アニータ・サーキージアンは、そう問いかける。例えば、同じように王女が誘拐されることから始まる物語を作るにしても、その王女はただいたずらに救出を待つ必要はない。なかなか男性が助けに来ないことに業を煮やした王女が隙を見て自ら城を脱出する、というシナリオを考えることもできる。あるいは、追っ手を逃れながら冒険を重ねて腕を磨いた王女が、最後には自ら敵の親玉を倒して王国の平和を取り戻す、という筋書きに沿ったゲームを作ることも考えられる。

サーキージアンによれば、ピーチ姫のような、「囚われの姫君(damsel in distress)」とでも呼ぶべき役割を果たす女性キャラクターは、男性の主人公を動機づけるための存在として、「スーパーマリオブラザーズ」以後の数々のゲームの中で用いられてきた。ピーチ姫は、マリオが成長するためのトロフィーであって、決して主人公になることはない。「家父長制のゲームにおいて、女性は男性の相手チームですらない。男性たちが取り合うボールなのだ」と彼女は言う。二〇一〇年頃から、自らの主催するウェブサイト feministfrequency.com でテレビゲームに関する批評を発表し始めたサーキージアンは、それまで名作と言われてきた数々の作品に潜むジェンダー・バイアスを指摘し、注目を集めるようになった。

サーキージアンの名を一躍有名にしたのは、二〇一四年の夏に起きた、通称「ゲーマーゲート」と呼ばれる事件であろう。彼女の批評に腹を立てたゲーム愛好家の男性たちが、インターネット上で彼女に対する攻撃を開始したのである。この事件では、サーキージアンを含め、ゲーム業界の慣行に対してフェミニズムの立場から批判を展開していた数人の女性たちが執拗な誹謗中傷のターゲットとなり、彼女たちの個人情報がインターネット上で晒されただけでなく、最後には殺害予告を受ける状況にまで発展した。

この一件が示すように、社会の主流派とは違う視点から世界を見る人は、時に激しい敵意の対象となる。ゲーマーゲート事件を起こした男性たちは、自分たちの好きなゲームを批判されたことが、よほど気に食わなかったのであろう。彼らにとって、サーキージアンは暴力を用いてでも排除するべき敵であった。

だが、サーキージアンは、決してテレビゲームの敵ではない。むしろ、彼女は幼い頃から数えきれないほどのゲームをプレイし続けてきた「オタク」であり、他の誰にも負けないほどテレビゲームを愛してきた。むしろ、そうだからこそ、彼女はあえてゲーム業界の男性優位の慣行を批判する。「ゲームを楽しみながら、同時にその問題点を批判することは、可能であるだけでなく、必要なことだ」と彼女は言う。

政治学に対するフェミニズムの批判についても、同じことが言えるのではないか。フェミニストは、政治学の敵ではない。ジェンダーの視点に基づいて標準的な政治学の学説を見直す試みは、時に社会の主流派である男性に対して不快感を与え、時にその敵意の対象となってきた。だが、その批判は政治学という学問に対する憎しみに基づいて行われるのではない。むしろそれは、政治学をもっと豊かな学問にしたいと願うからこそ行われてきた。少なくとも、筆者はそのように理解している。

男性としてフェミニズムと出会う

誰にとっても、自分とは違う角度から世界を捉える視点に接することは、新鮮な驚きをもたらすに違いない。ジェンダーの視点を導入すると、これまでは見えなかった男女の不平等が浮き彫りになる。今までは民主的に見えていた日本の政治が、あまり民主的に見えなくなる。男性として、極めて標準的な、「主流派」の政治学の伝統の中で育った筆者にとって、フェミニズムとの出会いは、そうした驚きの連続であった。

想像もしない角度から自分の世界観を覆されることは、反省を迫られる体験であると同時に、刺激に満ちた体験でもあった。次に、何が出てくるのか。新しい本を読むたびに、未知の発見があった。何よりそれは、自分が今までジェンダーとは関係がないと考えていた数多くのことが、実はジェンダーと密接に関係していることを知るきっかけとなった。

例えば、国際政治における外交交渉を担う外交官の男性たちの伝記や自伝には、その妻のエピソードが登場することが多い。この種のエピソードにおいて、妻たちはパーティーで社交的に振る舞い、それによって夫の評判を高める役割を果たす。これは、今日でも極めて一般的な外交のイメージであるが、考えてみれば不思議なことではないだろうか。「国益」を追求することを旨とするはずの冷徹な男性たちの駆け引きが、実際には女性たちの無償労働を必要としていることを意味するのだから。

一九四五年八月、米軍が広島と長崎に原子爆弾を投下したことの是非をめぐっては、今日でも論争が続いている。日本側の被爆者とその遺族らから見れば、原爆投下は非人道的な殺戮であるのに対して、アメリカでは原爆投下が戦争終結に必要だったという議論が軍人を中心にいまだ根強い。この論争の中で長く忘却されてきたのは、女性の役割である。原子爆弾を製造するためのマンハッタン計画を主導した科学者たちの大半は男性であったが、核物質を抽出する危険な作業を担った労働者の多くは女性であった。こうした女性たちの役割は、近年のアメリカで再び注目されつつある。

一度、ジェンダーの視点をあらゆることに適用できることが分かると、世界の見え方が違ってくる。そして、どのような政治現象を見ても、「では、女性はどこにいて、何をしているのだろうか」「あの政治家が行った選択は、その人が男性だったことと、関係があるのだろうか」などと問いかける習慣が身に付いてくる。

ジェンダーの視点から眺めることで、世界の見え方がこれほど変わるのならば、そのことを最初から知っておきたかった。自由主義やマルクス主義があらゆる政治現象を説明する道具立てを備えているのと同じように、フェミニズムもあらゆる政治現象を説明する論理を持っているということを、知っておきたかった。だからこそ、これから政治学を学び始める人には、そのことを早い段階で知っておいてもらいたい。本書は、このような動機から執筆されている。

多様な視点に開かれた政治学へ

自分が思いもしなかった考え方に、ふと出会う。そのような体験を繰り返していると、世界を捉える視点の多様性に敏感になる。例えば、明治維新という出来事を、新政府が誕生した東京から見るのと、琉球処分によって日本に併合された沖縄から見るのとでは、その意味は自ずと異なるであろう。あるいは、本書でも取り上げたジェンダー・クオータは、女性を政治的に代表するには有効な仕組みだが、おそらく性的少数者を代表するために用いるのには適さないであろう。

社会の主流派とは異なる視点を政治学に導入することは、政治の捉え方を大きく変える。それによって、従来は問われてこなかった様々な問題が浮上し、それを解くための様々な回答が提示される。その過程で、政治学は学問としてより豊かになるだろう。本書で見てきたように、ジェンダーの視点を導入することで、これまで社会の主流派としての男性の視点から描かれてきた政治の風景は、しばしば劇的に変貌する。

だが、政治学の豊かさが専門家以外にも共有されるには、その成果が一般向けの書物において、適切に紹介されなければならない。だからこそ、本書では日本の大学で標準的に使われている教科書に掲載されている政治学の学説を取り上げ、検討を加えてきた。

このような本書の考え方は、政治という営みが、単一の視点から分析するには複雑すぎるという認識に基づいている。近年を振り返るだけでも、トランプ現象、ブレグジット(イギリスのEU離脱)、沖縄米軍基地問題、集団的自衛権問題、歴史認識問題、#MeToo運動などに見られるように、政治の世界は常に誰も予想しない形で変転してきた。どこかで常に、主流派とは異なる視点から世界を見ている人々が、現状に対する異議申し立てを行っている。

多様なアイデンティティを持つ人々の意見がぶつかりあう問題においては、対立する当事者たちの間で妥協が難しい場合も多い。そのような状況において、自分の視点の正しさを力説し、相手を論駁しても、おそらく得られるものは少ないだろう。むしろ、自分の視点から見える世界が限られていることを認めた上で、他の視点から見た世界のあり方を踏まえ、粘り強く対話を続けるしかないのではないだろうか。本書は、そのような対話に資するような、視点の多様性に開かれた政治学のための、一つの試みである。

あとがき

今から数年前、大学で政治学の講義を担当することになった時、筆者は全二八回の授業日程の中で、一回はジェンダーの話をする日を設けるという計画を立てた。今となっては恥ずかしい限りであるが、それによって政治における男女の不平等にも十分に目配りした、バランスのよい授業ができるような気がしていたのである。

だが、実際に授業を行うためにジェンダーと政治に関する本や論文を読み進めていくと、筆者は自分の授業の構成に段々と物足りなさを覚えるようになっていった。学べば学ぶほど、男女の不平等にまつわる政治の話は、到底一回で済ますことができるようなものではないことに気づかされた。それどころか、あらゆる政治現象が、ジェンダーと関係しているように思えてきた。今の筆者は、あの頃の自分に、次のように問いかけるだろう。「残りの二七回は、ジェンダーの話をしなくてもいいのか?」

本書は、こうした筆者自身の政治学への理解に対する反省から出発している。今度こそ、きちんと男女の不平等に向き合ってみよう。これまで自分の馴染んできた政治学が男性の視点に偏ってきたというのであれば、それとは違う視点が存在することを受け止めよう。民主化を論じる時も、選挙を論じる時も、ジェンダーの視点に基づく研究成果を紹介しようではないか。このような考え方に基づく政治学の入門書は、既存の政治学の教科書の内容から大きく逸脱するけれども、書いてみる価値はあるはずだ。

執筆の過程では、こうした筆者の問題意識を共有してくれる友人たちの存在が何より大きかった。とりわけ、羅芝賢氏には、頼もしい研究仲間として最初の企画段階から最後の校正作業まで常にあたたかいご支援を受けただけでなく、文京区の保育園事情から韓国の #MeToo 運動の動向まで、筆者の知り得ない多くの事柄を教えていただいた。高木悠貴、梅川健、大西香世、平田彩子、梅川葉菜の各氏には、大学院で共に勉強していた時期から今日まで、何度も筆者のお喋りにお付き合いをお願いしただけでなく、厚かましいお願いにもかかわらず原稿を通読した上で数々の改善すべき点についてご指摘をいただき、様々な資料や参考文献を提供していただいた。もちろん、それでも残る誤りの責任は筆者にある。

本書の背景にある方法論的な考え方については、二〇一七年四月一五日の第三回ジェンダーと政治研究会で報告する機会を得て、その内容を「政治学におけるジェンダーの主流化」(『国家学会雑誌』第一三一巻第五・六号、二〇一八年)と題する論文にまとめた。研究会の参加者の皆様に感謝したい。なお、本書はこの論文と同様、科研費 17K13669 の研究成果の一部である。

岩波書店の安田衛氏には、本書を世に出すきっかけを与えていただいた。以前から安田氏の編集した新書を読んできた筆者にとって、本書の編集を担って下さったのは大変な幸運であった。新書を書くということの意味だけでなく、テーマや内容についても的確なアドバイスをいただいたことは、筆者の大きな財産となった。

最後に、妻の芳江に感謝したい。結局のところ、本書のテーマに対する筆者の関心は、彼女に出会い、一緒に過ごした時間の中で育まれたように思う。いつもありがとう。

本書の原稿を書き終えて数日後、娘が誕生した。今後、日本という国がどのように変わっていくにせよ、彼女が自由に生きることのできるような国になってほしい。そう願いつつ、これからも政治について考え続けたいと思う。

二〇一九年七月

前田健太郎

岩波新書新赤版一〇〇〇点に際して

ひとつの時代が終わったと言われて久しい。だが、その先にいかなる時代を展望するのか、私たちはその輪郭すら描きえていない。二〇世紀から持ち越した課題の多くは、未だ解決の緒を見つけることのできないままであり、二一世紀が新たに招きよせた問題も少なくない。グローバル資本主義の浸透、憎悪の連鎖、暴力の応酬――世界は混沌として深い不安の只中にある。

現代社会においては変化が常態となり、速さと新しさに絶対的な価値が与えられた。消費社会の深化と情報技術の革命は、種々の境界を無くし、人々の生活やコミュニケーションの様式を根底から変容させてきた。ライフスタイルは多様化し、一面では個人の生き方をそれぞれが選びとる時代が始まっている。同時に、新たな格差が生まれ、様々な次元での亀裂や分断が深まっている。社会や歴史に対する意識が揺らぎ、普遍的な理念に対する根本的な懐疑や、現実を変えることへの無力感がひそかに根を張りつつある。そして生きることに誰もが困難を覚える時代が到来している。

しかし、日常生活のそれぞれの場で、自由と民主主義を獲得し実践することを通じて、私たち自身がそうした閉塞を乗り超え、希望の時代の幕開けを告げてゆくことは不可能ではあるまい。そのために、いま求められていること――それは、個と個の間で開かれた対話を積み重ねながら、人間らしく生きることの条件について一人ひとりが粘り強く思考することではないか。その営みの糧となるものが、教養に外ならないと私たちは考える。歴史とは何か、よく生きるとはいかなることか、世界そして人間はどこへ向かうべきなのか――こうした根源的な問いとの格闘が、文化と知の厚みを作り出し、個人と社会を支える基盤としての教養となった。まさにそのような教養への道案内こそ、岩波新書が創刊以来、追求してきたことである。

岩波新書は、日中戦争下の一九三八年一一月に赤版として創刊された。創刊の辞は、道義の精神に則らない日本の行動を憂慮し、批判的精神と良心的行動の欠如を戒めつつ、現代人の現代的教養を刊行の目的とする、と謳っている。以後、青版、黄版、新赤版と装いを改めながら、合計二五〇〇点余りを世に問うてきた。そして、いままた新赤版が一〇〇〇点を迎えたのを機に、人間の理性と良心への信頼を再確認し、それに裏打ちされた文化を培っていく決意を込めて、新しい装丁のもとに再出発したいと思う。一冊一冊から吹き出す新風が一人でも多くの読者の許に届くこと、そして希望ある時代への想像力を豊かにかき立てることを切に願う。

（二〇〇六年四月）

前田健太郎

1980年，東京都生まれ．2003年，東京大学文学部卒業．2011年，東京大学大学院法学政治学研究科博士課程修了，博士(法学)．首都大学東京大学院社会科学研究科准教授を経て，
現在—東京大学大学院法学政治学研究科教授
専攻—行政学・政治学
著書—『市民を雇わない国家——日本が公務員の少ない国へと至った道』(東京大学出版会，第37回サントリー学芸賞〔政治・経済部門〕)，『権力を読み解く政治学』(共著，有斐閣)

女性のいない民主主義　　岩波新書(新赤版)1794

2019年9月20日　第1刷発行
2025年6月13日　第12刷発行

著　者　前田健太郎《まえだけんたろう》

発行者　坂本政謙

発行所　株式会社 岩波書店
〒101-8002 東京都千代田区一ツ橋2-5-5
案内 03-5210-4000　営業部 03-5210-4111
https://www.iwanami.co.jp/

新書編集部 03-5210-4054
https://www.iwanami.co.jp/sin/

印刷・三陽社　カバー・半七印刷　製本・中永製本

ISBN 978-4-00-431794-4　　Printed in Japan

主な参考文献・データベース

政治学の教科書

上神貴佳・三浦まり編 2018『日本政治の第一歩』有斐閣

賀来健輔・丸山仁編著 2010『政治変容のパースペクティブ[第2版]』ミネルヴァ書房

加茂利男・大西仁・石田徹・伊藤恭彦 2012『現代政治学[第4版]』有斐閣

川出良枝・谷口将紀編 2012『政治学』東京大学出版会

苅部直・宇野重規・中本義彦編 2011『政治学をつかむ』有斐閣

木寺元編著 2016『政治学入門』弘文堂

久米郁男・川出良枝・古城佳子・田中愛治・真渕勝 2011『政治学[補訂版]』有斐閣

佐々木毅 2012『政治学講義[第2版]』東京大学出版会

新川敏光・大西裕・大矢根聡・田村哲樹 2017『政治学』有斐閣

砂原庸介・稗田健志・多湖淳 2015『政治学の第一歩』有斐閣

データベース

東京大学谷口研究室・朝日新聞社共同調査(東大朝日調査)

http://www.masaki.j.u-tokyo.ac.jp/utas/utasindex.html

表4-1と図4-2では，2014年衆院選候補者調査のq6_1からq6_17と，2014年衆院選―16年参院選世論調査のw1q16_1からw1q16_1を用いた．

Gender Quotas Database

https://www.idea.int/data-tools/data/gender-quotas

表4-2では2019年6月30日現在の各国のデータを用いた．

Inter-Parliamentary Union(IPU)

http://archive.ipu.org/wmn-e/classif.htm

表4-2ではWomen in National Parliamentsの2019年2月現在のデ

ータを用いた.
International Social Survey Programme（ISSP） http://w.issp.org
2012年調査 Family and Changing Gender Roles IV を用いた．収録された変数のうち，図1-2はV37，図3-2および図3-3はV37とWRKHRSを用いた.
OECD.Stat https://stats.oecd.org
図1-1はGender Wage Gap，図3-1はSocial Expenditure—Aggregated data: Public expenditure on family，図3-5と図3-6はSocial Expenditure—Aggregated data: Public expenditure on family と Social Expenditure—Aggregated data: Public expenditure on old-age and survivors benefits のデータ（cash と in kind の合計）を用いた.
World Values Survey（WVS） http://www.worldvaluessurvey.org
Wave 6を用いた．収録された変数のうち，図2-7はV87，図4-5はV51を用いた.
Varieties of Democracy（V-Dem） https://www.v-dem.net
Version 9, Country-Year: V-Dem Full+Others を用いた．収録された変数のうち，図2-1，図2-2，図2-6，図4-3，図4-5，図4-9，図4-11はv2lgfemleg，図2-3はe_polity2，図2-4はv2x_polyarchy，図2-5はe_boix_regimeを用いた．v2lgfemlegの数値が誤っていると思われる箇所については，以下のデータで補訂した.
Manning, Jennifer E., and Ida A. Brudnick. 2014. “Women in the United States Congress, 1917–2014: Biographical and Committee Assignment Information, and Listings by State and Congress.” Congressional Research Service.
Paxton, Pamela, Jennifer Green, and Melanie M. Hughes 2008. “Women in Parliament, 1945–2003: Cross-National Dataset.” ICPSR.

はじめに

衛藤幹子 2017『政治学の批判的構想——ジェンダーからの接近』

法政大学出版局
御巫由美子 1999『女性と政治』新評論
渡辺浩 2003「序論——なぜ「性」か．なぜ今か．」『年報政治学』2003年度
Waylen, Georgina, Karen Celis, Johanna Kantola, and S. Laurel Weldon, eds. 2013. *The Oxford Handbook of Gender and Politics*. Oxford University Press.

第1章

イーストン，デヴィッド 1976『政治体系——政治学の状態への探求［第2版］』山川雄巳訳，ぺりかん社［原著第1版1953年，第2版1971年］
岩本美砂子 2003「女性をめぐる政治的言説」『年報政治学』2003年度
大嶽秀夫 2011『20世紀アメリカン・システムとジェンダー秩序——政治社会学的考察』岩波書店
岡野八代 2012『フェミニズムの政治学——ケアの倫理をグローバル社会へ』みすず書房
荻野美穂 2014『女のからだ フェミニズム以後』岩波書店
サンドバーグ，シェリル 2013『LEAN IN——女性，仕事，リーダーへの意欲』村井章子訳，日本経済新聞出版社［原著2013年］
城山三郎 1983『男子の本懐』新潮社
ソルニット，レベッカ 2018『説教したがる男たち』ハーン小路恭子訳，左右社［原著2014年］
田村哲樹 2017『熟議民主主義の困難——その乗り越え方の政治理論的考察』ナカニシヤ出版
チョ・ナムジュ 2018『82年生まれ，キム・ジヨン』斎藤真理子訳，筑摩書房［原著2016年］
野崎綾子 2003『正義・家族・法の構造変換——リベラル・フェミニズムの再定位』勁草書房

藤田結子 2017『ワンオペ育児――わかってほしい休めない日常』毎日新聞出版

フリーダン，ベティ 1965『新しい女性の創造』三浦富美子訳，大和書房[原著 1963 年]

ボネット，イリス 2018『WORK DESIGN――行動経済学でジェンダー格差を克服する』池村千秋訳，NTT 出版[原著 2016 年]

Acker, Joan. 1990. “Hierarchies, Jobs, Bodies: A Theory of Gendered Organizations.” *Gender & Society* 4(2).

Beattie, Geoffrey W., Anne Cutler, and Mark Pearson. 1982. “Why is Mrs. Thatcher Interrupted So Often?” *Nature* 300(5894).

Bennett, Jessica. 2015. “How Not to Be ‘Manterrupted’ in Meetings.” *Time*. January 20.

Dahlerup, Drude. 1988. “From a Small to a Large Minority: Women in Scandinavian Politics.” *Scandinavian Political Studies* 11(4).

Hasunuma, Linda, and Ki-young Shin. 2019. “#MeToo in Japan and South Korea: #WeToo, #WithYou.” *Journal of Women, Politics & Policy* 40(1).

Inglehart, Ronald and Pippa Norris. 2003. *Rising Tide: Gender Equality and Cultural Change Around the World*. Cambridge University Press.

Karpowitz, Christopher F., and Tali Mendelberg. 2014. *The Silent Sex: Gender, Deliberation, and Institutions*. Princeton University Press.

Krook, Mona Lena, and Fiona Mackay, eds. 2010. *Gender, Politics and Institutions: Towards a Feminist Institutionalism*. Palgrave Macmillan.

Och, Malliga. Forthcoming. “Manterrupting in the German Bundestag: Gendered Opposition to Female Members of Parliament?” *Politics & Gender*.

OECD. 2017. *Government at a Glance 2017*. OECD.

Osawa, Kimiko. 2015. "Traditional Gender Norms and Women's Political Participation: How Conservative Women Engage in Political Activism in Japan." *Social Science Japan Journal* 18(1).

Preece, Jessica, and Olga Stoddard. 2015. "Why Women Don't Run: Experimental Evidence on Gender Differences in Political Competition Aversion." *Journal of Economic Behavior & Organization* 117.

第2章

シュンペーター，ヨーゼフ 2016『資本主義，社会主義，民主主義Ⅰ・Ⅱ』大野一訳，日経BP社[原著1942年]

進藤久美子 2004『ジェンダーで読む日本政治――歴史と政策』有斐閣

ダール，ロバート・A. 1981『ポリアーキー』高畠通敏・前田脩訳，三一書房[原著1971年]

竹中千春 2010「国際政治のジェンダー・ダイナミクス――戦争・民主化・女性解放」『国際政治』第161号

ハンチントン，S. P. 1995『第三の波――20世紀後半の民主化』坪郷實・中道寿一・藪野祐三訳，三嶺書房[原著1991年]

三浦まり 2015『私たちの声を議会へ――代表制民主主義の再生』岩波書店

Matland, Richard E. and Kathleen A. Montgomery, eds. 2003. *Women's Access to Political Power in Post-Communist Europe*. Oxford University Press.

Offen, Karen. 2000. *European Feminisms, 1700–1950: A Political History*. Stanford University Press.

Paxton, Pamela. 2000. "Women's Suffrage in the Measurement of Democracy: Problems of Operationalization." *Studies in Comparative International Development* 35(3).

Paxton, Pamela, and Melanie M. Hughes. 2017. *Women, Politics, and Power: A Global Perspective* (*Third Edition*). CQ Press.

Phillips, Anne. 1995. *The Politics of Presence*. Oxford University Press.

Towns, Ann E. 2010. *Women and States: Norms and Hierarchies in International Society*. Cambridge University Press.

Waylen, Georgina. 2007. *Engendering Transitions: Women's Mobilization, Institutions and Gender Outcomes*. Oxford University Press.

第3章

岩本美砂子 1997「女のいない政治過程——日本の55年体制における政策決定を中心に」『女性学』第5巻

岩本美砂子 2007「日本における女性政策ナショナルマシナリーの分析——「無私・無謬の官僚」神話と女性政策」『三重大学法経論叢』第24巻第2号

エスピン＝アンデルセン, G. 2000『ポスト工業経済の社会的基礎——市場・福祉・国家・家族の政治経済学』渡辺雅男・渡辺景子訳, 桜井書店[原著1999年]

エスピン＝アンデルセン, G. 2001『福祉資本主義の三つの世界——比較福祉国家の理論と動態』岡沢憲芙・宮本太郎監訳, ミネルヴァ書房[原著1990年]

大沢真理 2013『生活保障のガバナンス——ジェンダーとお金の流れで読み解く』有斐閣

武田宏子 2018「家族政策と権力作用——「統治性」ガバナンスと日本の家族」浅野正彦, ジル・スティール編著『現代日本社会の権力構造』北大路書房

千田航 2018『フランスにおける雇用と子育ての「自由選択」——家族政策の福祉政治』ミネルヴァ書房

辻由希 2012『家族主義福祉レジームの再編とジェンダー政治』

ミネルヴァ書房
辻村みよ子・稲葉馨編 2005『日本の男女共同参画政策――国と地方自治体の現状と課題』東北大学出版会
豊福実紀 2017「配偶者控除制度の変遷と政治的要因」『社会保障研究』第1巻第4号
ノーグレン，ティアナ 2008『中絶と避妊の政治学――戦後日本のリプロダクション政策』岩本美砂子監訳，塚原久美・日比野由利・猪瀬優理訳，青木書店［原著 2001 年］
濱田江里子 2014「21 世紀における福祉国家のあり方と社会政策の役割――社会的投資アプローチ（social investment strategy）の検討を通じて」『上智法学論集』第 58 巻第 1 号
堀江孝司 2005『現代政治と女性政策』勁草書房
前田健太郎 2014『市民を雇わない国家――日本が公務員の少ない国へと至った道』東京大学出版会
山口智美・斉藤正美・荻上チキ 2012『社会運動の戸惑い――フェミニズムの「失われた時代」と草の根保守運動』勁草書房
横山文野 2002『戦後日本の女性政策』勁草書房
Htun, Mala, and S. Laurel Weldon. 2018. *The Logics of Gender Justice: State Action on Women's Rights Around the World*. Cambridge University Press.
Iversen, Torben, and Frances McCall Rosenbluth. 2010. *Women, Work, and Politics: The Political Economy of Gender Inequality*. Yale University Press.
Miura, Mari. 2012. *Welfare through Work: Conservative Ideas, Partisan Dynamics, and Social Protection in Japan*. Cornell University Press.
Sainsbury, Diane. 1996. *Gender, Equality and Welfare States*. Cambridge University Press.
Stetson, Dorothy McBride, and Amy Mazur, eds. 1995. *Comparative State Feminism*. Sage Publications.

第 4 章

岩本美砂子 2000「女性と政治過程」賀来健輔・丸山仁編著『ニュー・ポリティクスの政治学』ミネルヴァ書房
大海篤子 2005『ジェンダーと政治参加』世織書房
大山七穂・国広陽子 2010『地域社会における女性と政治』東海大学出版会
川人貞史・山元一編 2007『政治参画とジェンダー』東北大学出版会
杉之原真子 2015「少子化・女性・家族と「戦後保守」の限界」日本再建イニシアティブ『「戦後保守」は終わったのか――自民党政治の危機』KADOKAWA
ダウンズ，アンソニー 1980『民主主義の経済理論』古田精司監訳，成文堂[原著 1957 年]
三浦まり編著 2016『日本の女性議員――どうすれば増えるのか』朝日新聞出版社
三浦まり・衛藤幹子編著 2014『ジェンダー・クオータ――世界の女性議員はなぜ増えたのか』明石書店
ルブラン，ロビン 2012『バイシクル・シティズン――「政治」を拒否する日本の主婦』尾内隆之訳，勁草書房[原著 1999 年]
レイプハルト，アレンド 2014『民主主義対民主主義――多数決型とコンセンサス型の 36 カ国比較研究[第 2 版]』粕谷祐子・菊池啓一訳，勁草書房[原著第 1 版 1999 年，第 2 版 2012 年]
Beaman, Lori, Esther Duflo, Rohini Pande, Petia Topalova. 2012. "Female Leadership Raises Aspirations and Educational Attainment for Girls: A Policy Experiment in India." *Science* 335 (6068).
Brooks, Deborah Jordan. 2013. *He Runs, She Runs: Why Gender Stereotypes Do Not Harm Women Candidates*. Princeton University Press.
Dahlerup, Drude, ed. 2006. *Women, Quotas and Politics*. Routledge.

Kage, Rieko, Frances M. Rosenbluth, and Seiki Tanaka. 2019. "What Explains Low Female Political Representation? Evidence from Survey Experiments in Japan." *Politics & Gender* 15(2).

Krook, Mona Lena. 2009. *Quotas for Women in Politics: Gender and Candidate Selection Reform Worldwide*. Oxford University Press.

Lawless, Jennifer L., and Richard L. Fox. 2005. *It Takes a Candidate: Why Women Don't Run for Office*. Cambridge University Press.

Lovenduski, Joni, and Pippa Norris, eds. 1993. *Gender and Party Politics*. Sage Publications.

Ono, Yoshikuni, and Masahiro Yamada. Forthcoming. "Do Voters Prefer Gender Stereotypic Candidates? Evidence from a Conjoint Survey Experiment in Japan." *Political Science Research and Methods*.

おわりに

土佐弘之 2000『グローバル／ジェンダー・ポリティクス——国際関係論とフェミニズム』世界思想社

Enloe, Cynthia. 1990. *Bananas, Beaches and Bases: Making Feminist Sense of International Politics*. University of California Press.

Kiernan, Denise. 2013. *The Girls of Atomic City: The Untold Story of the Women Who Helped Win World War II*. Simon and Schuster.

Sarkeesian, Anita. 2012. "Tropes vs. Women in Video Games." YouTube.com.